"纳税人学堂"丛书

U0561197

财务负责人
税法必修课

"纳税人学堂"丛书编写组 编

中国税务出版社

图书在版编目（CIP）数据

财务负责人税法必修课 / "纳税人学堂"丛书编写
组编. -- 北京：中国税务出版社，2025.4
（"纳税人学堂"丛书）
ISBN 978-7-5678-1487-5

Ⅰ.①财… Ⅱ.①纳… Ⅲ.①财政法—中国—学习参
考资料 Ⅳ.① D922.22

中国国家版本馆 CIP 数据核字（2024）第 056478 号

丛 书 名："纳税人学堂"丛书
书　　名：财务负责人税法必修课
　　　　　CAIWU FUZEREN SHUIFA BIXIUKE
作　　者："纳税人学堂"丛书编写组　编
责任编辑：高莉贤
责任校对：姚浩晴
技术设计：林立志
出版发行：中国税务出版社
　　　　　北京市丰台区广安路 9 号国投财富广场 1 号楼 11 层
　　　　　邮政编码：100055
　　　　　网址：https：// www.taxation.cn
　　　　　投稿：https：// www.taxation.cn/qt/zztg
　　　　　发行中心电话：（010）83362083/85/86
　　　　　传真：（010）83362047/49
经　　销：各地新华书店
印　　刷：北京天宇星印刷厂
规　　格：787 毫米 ×1092 毫米　1/16
印　　张：16.5
字　　数：237000 字
版　　次：2025 年 4 月第 1 版　2025 年 4 月第 1 次印刷
书　　号：ISBN 978-7-5678-1487-5
定　　价：59.00 元

　　党的二十大报告指出，高质量发展是全面建设社会主义现代化国家的首要任务。近年来，全国税务系统始终坚持以习近平新时代中国特色社会主义思想为指导，完整、准确、全面贯彻新发展理念，着力推动高质量发展。坚决贯彻落实党中央、国务院的决策部署及国家税务总局党委、地方党委政府的相关要求，依法依规组织税费收入，不折不扣落实各项税费政策，优化税费服务，规范税务执法，深入开展"便民办税春风行动"，为纵深推进全国统一大市场建设和以加快发展新质生产力推动高质量发展营造良好的税收营商环境。

　　税法宣传是税收工作的重要组成部分，是提高纳税人缴费人对税收法律法规的知晓度和遵从度的主要方式，是降低办税缴费成本、减轻办税缴费负担的有力抓手。持续做好税法宣传辅导工作、优化纳税服务，对不断增进纳税人缴费人满意度和获得感，确保优惠政策应知尽知、政策红利应享尽享有着重大意义；同时，也有助于引导各类经营主体尊法学法守法用法，增强合规经营和风险防范意识，强化依法诚信纳税自觉，营造良好的税法遵从环境。

在企业运营中，法定代表人主导经营决策，决定企业走向；财务负责人统筹财务与税务核心业务，守护企业财务健康；办税人员负责一线办税操作，搭建税企沟通桥梁。对于税法知识和税费政策，他们的关注点和需求各不相同。为进一步提升税法宣传的精准度和实效性，由"大水漫灌"变为"精准滴灌"，由"人找政策"变为"政策找人"，"纳税人学堂"丛书编写组通过分析三类不同身份人员的涉税行为习惯、群体偏好，识别政策咨询、业务办理、系统操作等不同服务需求，编写了《法定代表人税法必修课》《财务负责人税法必修课》《办税人员税法必修课》。丛书从供给内容、供给渠道、供给目标等方面，有针对性地实施分类宣传、精准宣传，既确保税费政策及时普及、税费优惠快稳落地，又助力合规经营、诚信纳税，为不断优化税收营商环境作出贡献。

致财务负责人的一封信

尊敬的财务负责人：

您好！感谢您一直以来对税务部门工作的理解、支持与配合！

作为公司的财务负责人，您担任着公司财务管理和监督的关键职务，在履行职责时需要具备高度的税务专业能力和涉税风险意识。为了不断加大税收普法宣传力度，方便您了解各税费种的优惠政策内容和纳税申报过程中的注意事项及涉税风险，我们编写了《财务负责人税法必修课》一书，主要涵盖税务常识介绍、税收基础知识、税费政策专题、纳税申报、风险提示、涉税（费）服务与支持体系等六个方面内容。本书不仅详细介绍了各个税费种的基础知识、法定减免事项、近两年国家出台的小规模纳税人阶段性减免增值税、小微企业"六税两费"减免、重点群体创业就业税费扣减等一系列减税降费优惠政策，以及企业常见特殊业务涉及的相关税费，而且对于企业需要申报的增值税、消费税、企业所得税等常规性税种的纳税期限、申报表填写以及延期申报、延期缴纳税款、申报更正与作废等特殊涉税事项进行说明。最后，本书从财务负责人角度对企业可能会涉及的征收管理风险、发票使用风险、其他涉税

风险进行介绍，使您在保障公司合法权益的同时，帮助公司合规运作和健康发展。希望通过此书，帮助您全面、准确、快捷地获取涉税常识、税费政策、申报流程、税务风险等方面信息，让您更精准地掌握政策、用足用好政策、防范税务风险。

最后，再次感谢您的理解与配合，让我们携起手来，共同构建和谐亲清的征纳关系，以税收力量推动经济社会高质量发展！

顺祝您工作顺利、家庭幸福、万事如意！

"纳税人学堂"丛书编写组

2025 年 3 月

企业各阶段基础涉税业务

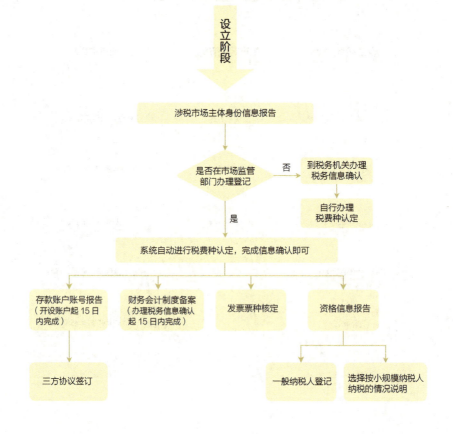

设立阶段

涉税市场主体身份信息报告

是否在市场监管部门办理登记 ──否──→ 到税务机关办理税务信息确认

自行办理税费种认定

是

系统自动进行税费种认定，完成信息确认即可

| 存款账户账号报告（开设账户起15日内完成） | 财务会计制度备案（办理税务信息确认起15日内完成） | 发票票种核定 | 资格信息报告 |

三方协议签订

一般纳税人登记

选择按小规模纳税人纳税的情况说明

经营阶段

优惠办理	发票使用	证明开具	纳税申报

优惠办理

申报享受税收减免（直接在申报表中填写，无须提交资料）

税收减免报告（在首次享受减免时提交相关资料）

核准及其他类减免（需纳税人提交资料，税务机关审批通过后可享受）

发票使用

发票领用（按确认的发票种类、数量及领用方式申请领发票）

发票开具（开具发票时，做到如实开具，不得虚开）

发票代开（可通过电子税务局、办税服务厅、邮政大厅完成代开）

发票作废或红冲（当月开具的发票可作废，跨月可红冲，数电发票不能作废）

证明开具

电子税务局税票证明（除个人所得税外）可通过【证明开具】模块开具

个人所得税 App 通过【纳税记录开具】生成个人纳税记录

自然人电子税务局（扣缴端）可开具综合所得或经营所得完税证明

纳税申报

发票勾选确认

抄税（数电发票纳税人无须完成此步骤）

填写申报表

实时扣款

清卡

开具税收完税证明

申报除个人所得税外的税费，通过电子税务局填写申报表

申报个人所得税，通过自然人电子税务局填写申报表

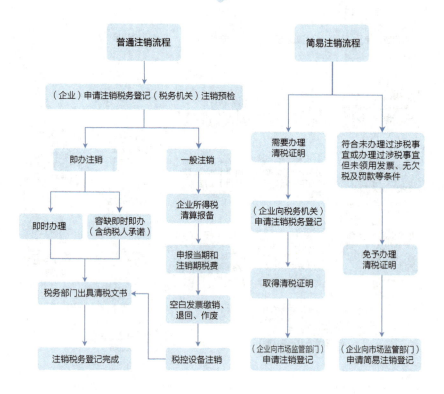

注销阶段

普通注销流程

（企业）申请注销税务登记（税务机关）注销预检

即办注销

即时办理

容缺即时即办
（含纳税人承诺）

一般注销

企业所得税
清算报备

申报当期和
注销期税费

空白发票缴销、
退回、作废

税控设备注销

税务部门出具清税文书

注销税务登记完成

简易注销流程

需要办理
清税证明

符合未办理过涉税事
宜或办理过涉税事宜
但未领用发票、无欠
税及罚款等条件

（企业向税务机关）
申请注销税务登记

取得清税证明

（企业向市场监管部门）
申请注销登记

免予办理
清税证明

（企业向市场监管部门）
申请简易注销登记

目录 CONTENTS

第三课　税费政策专题　　119

一、重点行业　　121

二、重点人群　　172

税务常识介绍

一、税费基本常识

1.纳税人和扣缴义务人

（1）什么是纳税人

纳税人是指税法规定直接负有纳税义务的单位和个人。简单来说，一个拥有收入或财产的人，他需要按照国家规定的比例，拿出一部分钱来缴税，这个人就叫作纳税人。纳税人涵盖了所有依法应当承担税收义务的主体，包括自然人、个体工商户和法人。

（2）什么是扣缴义务人

扣缴义务人是指按照法律、行政法规规定负有代扣代缴、代收代缴税款义务的单位和个人。可以把扣缴义务人想象成一个"税务中介"，他们并非直接纳税的人，但因为其与纳税人发生了经济往来，根据法律规定，他们需要代替税务机关从纳税人的收入中扣除相应的税款并缴纳给国家。

> **温馨小提示**
>
> 扣缴义务人的扣缴义务是根据不同税种的实体法律、行政法规来规定的，因此，不同税种的扣缴义务人范围并不一致。归纳起来，主要分为代扣代缴义务人和代收代缴义务人两种类型（如图1-1所示）。

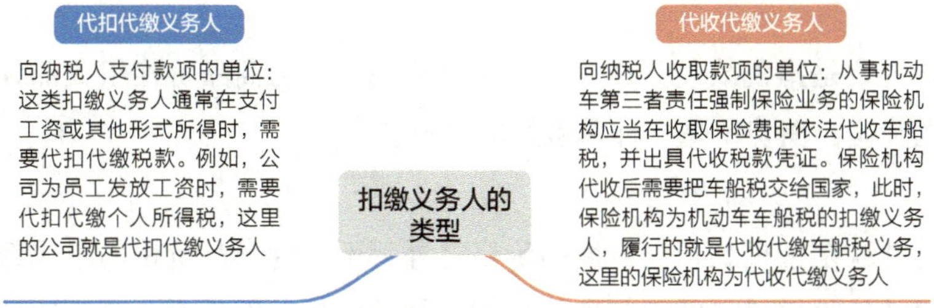

代扣代缴义务人

向纳税人支付款项的单位：这类扣缴义务人通常在支付工资或其他形式所得时，需要代扣代缴税款。例如，公司为员工发放工资时，需要代扣代缴个人所得税，这里的公司就是代扣代缴义务人

扣缴义务人的类型

代收代缴义务人

向纳税人收取款项的单位：从事机动车第三者责任强制保险业务的保险机构应当在收取保险费时依法代收车船税，并出具代收税款凭证。保险机构代收后需要把车船税交给国家，此时，保险机构为机动车车船税的扣缴义务人，履行的就是代收代缴车船税义务，这里的保险机构为代收代缴义务人

图1-1　扣缴义务人的类型

（3）纳税人和扣缴义务人的区别

纳税人和扣缴义务人的区别主要体现在税收责任和角色定位上。纳税人是直接负有纳税义务的单位和个人，也就是说，他们需要根据法律法规，按时足额缴纳税款。扣缴义务人是代税务机关从纳税人的收入中扣除税款并缴纳给国家的主体，他们并不是最终承担税款的人，而是起到一个传递的作用。

以案说税

纳税人和扣缴义务人的区别可以通过以下例子来说明。

假如小张是一名自由职业者，他通过网络平台为客户提供服务并获得了收入。根据税法规定，小张需要定期向税务机关申报个人所得税，并缴纳相应的税款。在这里，小张就是直接负有纳税义务的纳税人，也就是税款的最终承担者。

另一种情况，假如小张与一家公司签订了合同，该公司定期向小张支付劳务费。根据税法规定，公司在支付劳务费时需要代扣代缴小张的个人所得税。在这个场景中，公司就是扣缴义务人，因为其与小张发生了经济往来（支付劳务费），所以法律赋予其代扣代缴的义务。公司负责从支付给小张的费用中扣除税款，并代小张将税款缴纳给税务机关。

2.价内税和价外税

（1）什么是价内税

价内税是指税款包含在应税商品价格内，作为商品价格组成部分的税收。在我国，消费税是一种典型的价内税。

（2）什么是价外税

价外税是指税款独立于商品价格之外，不作为商品价格的组成部分。价外税的征收方式有助于实现价格和税款的分离，即价税分离。这种方式有助于提高税收的透明度，让消费者更清楚地了解自己的消费构成。在我国，增值税是一种典型的价外税。

（3）价内税和价外税的区别

两者的区别主要是税款是否包含在商品的销售价格之中。价内税的情况下，税款是隐藏在商品价格中的，而价外税则是将税款明确分列出来，让消费者可以清楚地看到自己为商品本身支付了多少钱，以及需要支付多少税款。

价内税的计算公式：税款＝含税金额 × 税率

价外税的计算公式：税款＝含税金额 ÷（1＋税率）× 税率

以案说税

价内税和价外税的区别可以通过增值税和消费税的例子来具体说明。

价内税是指税款包含在应税商品价格内，作为商品价格组成部分的税收。以消费税为例，如果一件应税消费品的价格是100元，那么这100元是包含了消费税的，销售方不需要额外向消费者收取消费税税款。

价外税是指税款独立于商品价格之外，不作为商品价格的组成部分。以增值税为例，如果一件商品的价格是100元，那么这100元是不包含增值税的，假设该商品的增值税税率是13%，消费者需要额外支付增值税税款13元，销售方共需要向消费者收取113元。

3. 应纳税所得额和应纳税额

（1）什么是应纳税所得额

应纳税所得额是指企业或个人在一定期间内所获得的所有应税收入，减去该期间内依法允许减除的各种支出以及免税收入和不征税收入之后的剩余金额。这个剩余金额就是用来计算应缴纳税款的计税依据。

（2）什么是应纳税额

应纳税额，就是纳税人根据税法规定需要向国家缴纳的税款总额。简单来讲，就是需要缴纳的税。

（3）应纳税所得额和应纳税额的区别

应纳税所得额和应纳税额，是两个与缴税有关的数额。对比来说，应纳税所得额是计算应纳税额的依据，而应纳税额是计算的结果。

以案说税　假设小李是一名自由职业者，他在一个项目中获得了 18000 元的收入。根据税法规定，劳务报酬每次收入 4000 元以上的，减除费用按照收入的 20% 计算，应纳税所得额＝劳务报酬收入－减除费用，应纳税所得额不超过 20000 元的，劳务报酬个人所得税预扣率为 20%，速算扣除数为 0。那么，小李的应纳税所得额和应纳税额的计算过程如下：

小李的应纳税所得额＝18000×（1－20%）＝14400（元）

小李的应纳税额＝14400×20%＝2880（元）

4. 不征税、免税和零税率

（1）什么是不征税

不征税是指某些特定的收入或交易行为，根据法律规定不需要缴纳税款。简单来说，就是某些收入不在征税范围内，不需要向国家缴税。

通俗地讲，就是政府为了鼓励某些特定的行为或行业，就允许从这个活动中赚的钱，不用给国家缴税了。这些特定收入，就是不征税收入。

（2）什么是免税

免税是国家为了实现特定的政治、经济、社会目标，对某些纳税人或征税对象给予的税收优惠。简单来说，就是应税行为本身在税法规定的征收范围内，但是因为符合免税的规定，不需要缴纳了。

（3）什么是零税率

零税率，即税率为零，意味着纳税人对于特定课税对象在销售环节不需要缴纳增值税。零税率不仅在销售环节不缴税，而且还可以退还之前环节已支付的进项税额，这样企业实现了真正的零税负。

零税率主要应用在一些特定的服务和商品上，比如国际运输服务、航天运输服务以及某些完全在境外消费的服务（如研发、设计等）。

（4）不征税、免税、零税率的区别

不征税收入指的是根据税法的规定，某些特定的收入项目被列入了不征税范围，无须纳税。这里强调的是税法明确规定，即使获得了相应的收入，但由于该收入被列入不征税项目，我们也无须为其缴纳税款。不征税的项目，如果需要开具发票，可以开具税率栏为"不征税"的增值税普通发票，而不能开具增值税专用发票。

相比于不征税收入，免税收入的定义略显宽泛。免税收入指的是在一定条件下，享受某些税收优惠政策而不需要缴纳相应的税款。这里的关键在于"条件"。免税收入并非所有人普遍享有的待遇，而是需要满足一些特殊条件才能够享受到。例如，国家出台的某些政策，对某些特定的社会群体或行为给予免税待遇，这就需要符合相应条件的人才能享受到免税的权益。而零税率则是对特定商品或服务的实际税负降至零的税收政策。

5. 起征点和免税额

（1）什么是起征点
起征点是指税法规定对征税对象开始征税的起点数额。

（2）什么是免征额
免征额是税法中规定的课税对象全部数额中免予征税的数额。

（3）起征点和免征额有什么区别

起征点：征税对象的数额达到起征点的就全部数额征税，未达到起征点的不征税。免征额：无论课税对象的数额多大，未超过免征额的，不征税；超过的，就其超过部分征税。

举个例子　假设有 A、B、C 三人，其当月的收入分别是 999 元、1000 元和 1001 元。假定现在规定 1000 元为征税的起征点，并规定税率为 20%。如果不考虑其他因素，纳税情况如下：

① A 的收入没有达到起征点，不纳税。

②B 的收入正好达到起征点，应该全额计税，应纳税额 = 1000 × 20% = 200（元）。

③C 的收入已经超过起征点，也应该全额计税，应纳税额 = 1001 × 20% = 200.2（元）。

假设其他条件不变，规定 1000 元为免征额，税率依然为 20%。

这时，三人的纳税情况如下：

①A 的收入均在免征额之内，不纳税。

②B 的收入正好属于免征额的部分，也不需要纳税。

③C 的收入超过免征额，需要纳税，但应从收入中扣除免征额，按照余额部分纳税，应纳税额 =（1001 - 1000）× 20% = 0.2（元）。

6. 简易计税和一般计税

（1）什么是简易计税

简易计税方法是一种简化的增值税计算方式，特点是按照销售额和固定的增值税征收率直接计算税额，且不允许抵扣进项税额。

（2）什么是一般计税

一般计税方法，简单来说，就是基于商品或服务在流转过程中增值部分征收的税。这种方法允许纳税人在计算应纳税额时，从销售商品或服务的税额中扣除掉购买原料或接受服务时已经支付的税额。

（3）简易计税和一般计税有什么区别

一般计税和简易计税是增值税中两种不同的计税方法，主要区别在于适用范围、税率或征收率、抵扣规则等方面。

一是适用范围。简易计税通常适用于小规模纳税人或者特定行业，而一般计税则适用于一般纳税人。

二是税率或征收率。简易计税的征收率通常较低，而一般计税的税率则相对较高，具体税率或征收率取决于销售的商品或提供的服务类型。

三是抵扣规则。在一般计税方法下，纳税人可以抵扣进项税额，而在简易计税方法下，纳税人不能抵扣进项税额。

假设一家一般纳税人企业在一个月内销售了一批电子产品，不含税销售额为 100 万元。以下是一般计税方法的计算步骤：

首先，计算销项税额：销项税额是指企业在销售商品或提供服务时，按照规定，向购买方收取的增值税税额。如果适用的增值税税率是 13%，则销项税额 = 100 × 13% = 13（万元）。

其次，计算进项税额：进项税额是指在采购原材料或接受服务过程中支付的增值税税额。假设该企业在采购电子产品时支付了 20 万元的货款，那么进项税额 = 20 × 13% = 2.6（万元）。

再次，抵扣进项税额：从销项税额中扣除进项税额，得到的是应纳税额。在这个例子中，应纳税额 = 销项税额 – 进项税额 = 13 – 2.6 = 10.4（万元）。

最后，制造商需要向税务机关缴纳 10.4 万元的增值税。

再假设一家小规模纳税人企业在一个季度内提供了装修服务并开具增值税专用发票，其不含税收入为 50 万元。由于规模较小，企业选择采用简易计税方法来计算应缴的增值税。以下是简易计税方法的计算步骤：

首先，确定适用税率：简易计税通常适用的征收率较低，比如 3%。

其次，计算应纳税额：应纳税额 = 销售额 × 征收率。在这个例子中，如果适用的简易计税征收率是 3%，则应纳税额 = 50 × 3% = 1.5（万元）。

最后，这家小规模纳税人企业需要向税务机关缴纳 1.5 万元的增值税。

7. 留抵退税、出口退税和即征即退

（1）留抵退税

通过梳理 12366 纳税缴费服务热线热点问题，以及基层税务机关反馈问题，发现不少创业者和法定代表人比较关注增值税留抵退税政策，该政策直接关系着企业现金流，能有效缓解一定时期的资金压力。

① 什么是留抵退税

增值税留抵退税政策是组合式减税降费的重要举措，当企业的进项税额大于销项税额产生留抵税额时，可按规定申请退还留抵税额。增值税实行链条抵扣机制，以纳税人当期销项税额抵扣进项税额后的余额为应纳税额。其中销项税额是指按照销售额和适用税率计算的增值税税额；进项税额是指购进原材料等所负担的增值税税额。当进项税额大于销项税额时，未抵扣完的进项税额会形成留抵税额。

理论上来说，增值税销项税额一般会大于进项税额，但是某些特殊原因，如集中采购原材料和存货，尚未全部实现销售，投资期间没有收入等，就会导致一定时期内，进项税额大于销项税额，这时候未抵扣完的进项税额会形成留抵税额，这是纳税人进项税额和销项税额在时间上不一致造成的。此外，在多档税率并存的情况下，销售适用税率低于进项适用税率，也会形成留抵税额。

简单来说，留抵退税就是把增值税期末未抵扣完的留抵税额退还给纳税人，在没有实行增值税留抵退税政策之前，企业产生了留抵税额，只能结转下期抵扣，资金被占用，企业负担也就加重了。

② 国际上的处理方式

国际上对于留抵税额一般有两种处理方式：允许纳税人结转下期继续抵扣或申请当期退还。同时，允许退还的国家或地区，也会相应设置较为严格的退税条件，如留抵税额必须达到一定数额，每年或一段时期内只能申请一次退税，只允许特定行业申请退税等。

③ 我国的处理方式

增值税期末留抵税额退税政策最初是从 2011 年开始实施的，其中仅涉及了国家批准的集成电路重大项目企业。2018 年，又加入了装备制造等先进制造业、研发等现代服务业和电网企业。2019 年以来，我国逐步建立起增值税留抵税额退税制度。近几年，我国持续完善增值税留抵退税制度，优化征缴退流程，对留抵税额实行大规模退税，把纳税人今后才可继续抵扣的进项税额予以提前返还。通过提前返还尚未抵扣的税款，增加企业现金流，缓解资金回笼压力，不但有助于提升企业发展信心，激发市场主体活力，还能够促进消费投资，支持实体经济高质量发展，推动产业转型升级和结构优化。

温馨小提示

增量留抵税额，区分以下情形确定：

A. 纳税人获得一次性存量留抵退税前，增量留抵税额为当期期末留抵税额与 2019 年 3 月 31 日相比新增加的留抵税额。

B. 纳税人获得一次性存量留抵退税后，增量留抵税额为当期期末留抵税额。

计算示例：纳税人获得一次性存量留抵退税前，若 2019 年 3 月 31 日的期末留抵税额为 100 万元，2022 年 4 月期末留抵税额为 120 万元，增量留抵税额为 20 万元（120－100）。

存量留抵税额，区分以下情形确定：

A. 纳税人获得一次性存量留抵退税前，存量留抵税额就是当期期末留抵税额与 2019 年 3 月 31 日期末留抵税额的孰小值。也就是说当期期末留抵税额大于或等于 2019 年 3 月 31 日期末留抵税额的，存量留抵税额为 2019 年 3 月 31 日期末留抵税额；当期期末留抵税额小于 2019 年 3 月 31 日期末留抵税额的，存量留抵税额为当期期末留抵税额。

B. 纳税人获得一次性存量留抵退税后，存量留抵税额为零。

计算示例：若 2019 年 3 月 31 日的期末留抵税额为 100 万元，2022 年 4 月期末留抵税额为 120 万元，存量留抵税额为 100 万元。

④ 留抵退税的益处

现金流对企业发展十分重要。留抵退税政策直接给予企业现金退还，使企业的存量资产转化为流动性资产，直接增加现金流。企业也可以将该笔资金用于生产经营、研发投入、固定资产投资等不同途径。

留抵退税作为一种重要的财政政策工具，对实体经济和社会发展有诸多益处。一是助力工业经济平稳运行。通过留抵退税，可以有效缓解企业经营中的资金压力，进而刺激工业生产和市场需求，保持工业经济运行的稳定性。二是助力小微企业纾困发展。留抵退税特别适用于小微企业，能够为其提供必要的资金支持，帮助其渡过难关，维持生存和发展。三是促进新动能加快发展。对于高新技术企业而言，留抵退税可以促进技术创新和产业升级，推动新兴产业发展。四是增强资金流动性。留抵退税可以直接为企业增加现金流入，降低企业的财务风险，提高企业的流动性。五是降低经营成本。通过退还留抵税额，企业可以减少相应的税负，从而降低经营成本，提高生产效率。六是促进投资和创新。留抵退税可以为企业的研发活动提供资金支持，鼓励企业进行技术和产品创新。

2023 年，国家税务总局某税务局主管税源分局为某高速公路有限公司开展优质高效辅导服务，共办理增值税留抵退税 1.02 亿元，助力企业渡过资金难关。

高速公路行业普遍存在投资额大、回收周期长、运营前期车流量低等特点，运营前期尚处于项目培育期，车流量不足，收入较低，现金流不能覆盖还本付息及运营成本的支出，企业面临严重的资金压力和履约风险。项目建设期增值税留抵税额主要为建安费取得的增值税进项，该部分留抵税额对项目公司的现金流带来很大压力。

该高速公路所属税务局主管税源分局主动及时了解企业经营情况，第一时间深入企业开展调研，为项目公司提供"一对一"的精准帮扶指导，详细梳理核实企业面临的难题，摸清企业关于享受增值税留抵退税政策的诉求，针对性开展相关税费优惠政策的宣传和解读，确保税费优惠政策好操作、易实施、快落地。2023 年 8 月，该分局辅导该企业办理留抵退税1.02亿元，极大缓解了项目公司还本付息履约压力和工人工资支付带来的维稳风险，解了企业燃眉之急。

（2）出口退税

出口退税是国家为了鼓励本国商品出口而采取的一种普遍手段，对不同产品确定不同的出口退税率，进而影响这些产品相关产业发展。世界上多数国家都会采取出口退税政策来促进出口和调节行业经济发展，这也是国际贸易中较为普遍的方式。

① 什么是出口退税

出口退税是指在国际贸易业务中，对我国报关出口的货物退还在国内各生产环节和流转环节按税法规定缴纳的增值税和消费税，即出口环节免税且退还以前纳税环节的已纳税款。作为国际通行惯例，出口退税可以使出口货物的整体税负归零，有效避免国际双重课税。

② 出口退税对企业发展的影响

一是能够降低企业税负。出口退税允许出口企业在出口产品时退还已缴纳的国内税款，企业的税收负担也就减轻了。

二是能够提升企业国际竞争力。出口退税可以使企业的整体税负为零，促使出口产品在国际市场上更有价格竞争力，有利于企业扩大国际市场份额。

三是能够加快企业资金流动。退税可以直接降低企业的生产成本，释放资金，增加现金流，用于企业的其他投资生产，激活企业发展动力。

四是能够鼓励企业扩大出口。出口退税的退税率越高，出口企业的成本就会越低，出口商品的国际竞争力也就越强，从而出口产品的需求量增加，这样就可以激励企业增加出口，从而增加外汇收入。

某机车有限公司是一家集三轮车、新能源特种车辆及零部件研发、制造、销售为一体的企业，产品出口至东南亚、非洲、拉美等地区，2017 年成为出口退（免）税一类企业，是当地第一家也是唯一的出口退（免）税一类民营企业。该公司 2020 年销售三轮摩托车突破 20 万辆，实现营业收入 11.7 亿元，利润 6000 余万元，创出了国内国际两大市场齐头并进的喜人局面。2021 年前 10 个月，该公司累计办理出口退（免）税 7021 万元，相比上年同期增加 689 万元，增长 10.88%。"退税对于我们企业来说就是一场及时雨。目前，我们公司正在积极开拓国际市场，海外订单业务量也在逐年增加，有了税费优惠政策的加持，外贸势头呈现良好发展态势。"企业负责人说。出口退税政策盘活了企业资金，让企业在发展过程中更加安心、省心。

（3）即征即退

　　增值税即征即退是一种鼓励企业投资和发展特定领域的税收优惠政策。通过退还部分或全部已征收的增值税，可以降低企业的财务压力，同时推动相关行业的发展。

① 什么是即征即退

　　增值税即征即退是指按照税法规定，税务机关在征收增值税时，将部分或全部已征收的税款即时退还给纳税人的一种税收优惠政策。需要注意的是，即征即退并不是所有企业都能享受的待遇。该政策通常针对的是那些从事特定行业或业务，且符合国家鼓励发展方向的企业。具体的退税条件和比例，也会根据政策和行业的不同而有所差异。

② 即征即退的益处

　　一是减轻企业负担。企业在运营过程中需要缴纳增值税。而通过即征即退政策，企业可以在满足一定条件后获得部分或全部税款的退还，从而有效减轻企业的财务压力。

二是鼓励特定行业或业务的发展。即征即退政策通常针对特定的行业或业务，如高新技术产业、环保产业等。这种政策导向可以引导企业向这些方向发展，推动产业结构的优化和升级。

三是促进技术创新和研发。对于一些研发投入较大的企业来说，即征即退政策可以有效缓解资金压力，鼓励其继续进行技术研发和创新，推动技术进步。

四是提升企业竞争力。通过即征即退政策，企业可以将更多的资金用于生产、扩张或提升产品质量，从而提升自身的市场竞争力。

五是稳定企业经营。对于一些受周期性因素影响较大的企业来说，即征即退政策可以帮助其稳定经营，渡过困难时期。

六是优化税收环境。增值税即征即退政策作为税收优惠政策的一种，有助于优化税收环境，吸引更多的企业投资和发展，促进经济增长。

某科技有限公司是一家装配式预制构件公司，于2019年6月正式投产。该企业主要以新型墙体材料研发、生产及销售为主要业务。

按照减税降费政策相关规定，该公司符合新型墙体材料增值税即征即退规定，可享受增值税即征即退政策。"去年我们公司的生产销售受到影响，好在国家税收优惠政策给我们强有力的支撑，我们新型墙体材料的生产车间现在一片热火朝天的景象。随着不断加大投产，效益稳步提升，预估我们每年都可享受增值税即征即退金额约135万元。"该公司负责人感触颇深。

8.增值税中哪些凭证可以抵扣

（1）什么是增值税抵扣凭证

增值税抵扣凭证是用于增值税税额抵扣的法定证明。

增值税抵扣主要是针对增值税一般纳税人的，这类纳税人通常具备一定规模和经营能力，在销售商品或提供劳务时可以开具增值税专用发票，并按规定抵扣进项税额。

（2）如何使用增值税抵扣凭证

增值税抵扣凭证允许企业将购买商品或服务时已经支付的进项税额从销售商品或服务时应缴纳的销项税额中抵扣，从而避免重复征税，确保增值税的公平性。

（3）增值税凭证抵扣的计算

应纳税额 = 当期销项税额 - 当期进项税额

这个过程中，抵扣凭证就是用来计算和证明进项税额的依据。

举个例子　　例如，如果一个一般纳税人企业在某个纳税期内的不含税销售额为 100000 元，适用的增值税税率为 13%，那么销项税额 =100000 × 13%=13000（元）。

如果该企业在同期内的进项税额为 5000 元并取得可以抵扣的合规凭证，那么应纳税额 =13000-5000=8000（元）。这个过程就是增值税进项税额抵扣销项税额的计税过程。

（4）可以抵扣的凭证有哪些

在增值税中，可以抵扣的凭证主要包括以下几类（如图 1-2 所示）。

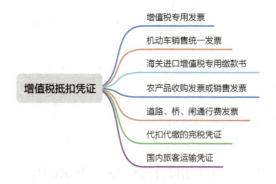

图 1-2　增值税抵扣凭证类型

增值税专用发票：这是最常见的抵扣凭证，一般纳税人在进行业务往来时，销售方开具的增值税专用发票上注明的税额可以作为进项税额进行抵扣。

机动车销售统一发票：购买机动车时，销售方开具的统一发票也可以用于增值税的抵扣。

海关进口增值税专用缴款书：进口货物时，海关出具的增值税专用缴款书上注明的税额可以用于抵扣。

农产品收购发票或销售发票：企业在收购农产品时取得的收购发票或农产品自产自销的销售发票，可以用于抵扣进项税额。

道路、桥、闸通行费发票：支付的道路、桥梁和闸门通行费用取得的发票，可以用于抵扣。

代扣代缴的完税凭证：境外单位、个人向您企业提供劳务、服务或者转让无形资产、境内不动产，税务机关或您企业履行了代扣代缴义务后取得的完税凭证也可以用于增值税的抵扣。

国内旅客运输凭证：与旅客运输相关的凭证，如注明旅客身份信息的航空运输电子客票行程单、铁路车票以及公路、水路等其他客票。

温馨小提示

为方便旅客和单位，铁路客运、民航旅客运输在全面数字化的电子发票推行使用中设置了过渡期，过渡期截至 2025 年 9 月 30 日。过渡期内"纸电并行"，旅客仍可使用铁路车票（纸质报销凭证）、原纸质航空运输电子客票行程单报销，单位也可凭铁路车票（纸质报销凭证）入账，按规定计算抵扣增值税进项税额。

（5）增值税不可抵扣的范围有哪些

常见增值税不得抵扣的范围如图 1-3 所示。

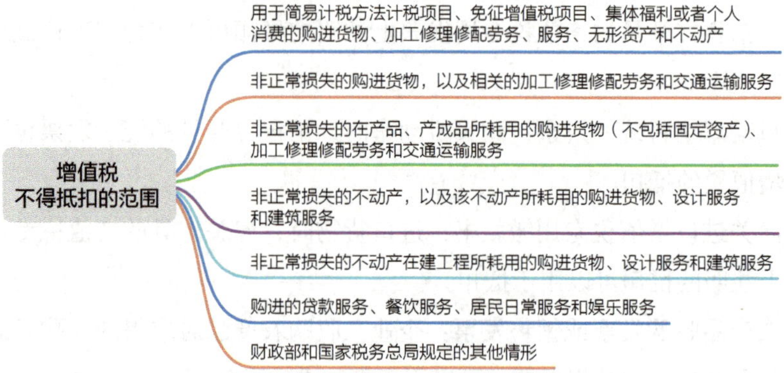

图 1-3　增值税不得抵扣的范围

（6）注意事项

需要注意的是，小规模纳税人不适用进项税额抵扣的规定，小规模纳税人的应纳税额是按照销售额和征收率直接计算的。此外，上述凭证在进行抵扣时，必须符合法律、行政法规或者国家税务总局的相关规定，包括凭证的真实性、合法性以及与实际交易的一致性等。不同类型的凭证可能有不同的抵扣规则和限制，不同行业的纳税人可能会面临不同的税率或征收率，且抵扣政策也可能存在差异，因此在计算增值税时应考虑所有相关因素，确保计算结果的准确性。在实际操作中确保符合税法规定，避免因抵扣错误而导致的税务风险。

总的来说，抵扣凭证是增值税体系中的核心要素，确保了企业能够合法、准确地进行税额抵扣，同时也是税务管理的基础。了解和正确使用抵扣凭证对于企业合规经营至关重要。

9. 哪些支出可以在企业所得税税前扣除

（1）什么是企业所得税税前扣除

企业所得税税前扣除是指企业在计算应缴纳的企业所得税时，可以从收入中扣除与取得该收入直接相关的、合理的支出。这些支出包括企业为了生产经营活动而发生的各项成本和费用。

企业所得税税前扣除项目如图 1-4 所示。

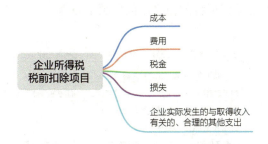

图 1-4　企业所得税税前扣除项目

（2）企业所得税税前扣除凭证

企业所得税税前扣除凭证按照来源分为内部凭证和外部凭证。

内部凭证是指企业自制用于成本、费用、损失和其他支出核算的会计原始凭证。内部凭证的填制和使用应当符合国家会计法律、法规等相关规定。

外部凭证是指企业发生经营活动和其他事项时，从其他单位、个人取得的用于证明其支出发生的凭证，包括但不限于发票（包括纸质发票和电子发票）、财政票据、完税凭证、收款凭证、分割单等。

（3）如何适用企业所得税税前扣除政策

企业所得税的计算公式是应纳税所得额乘以适用税率，再减去减免税额和抵免税额。

具体来说：

应纳税所得额 = 收入总额 − 不征税收入 − 免税收入 − 各项扣除（成本、费用、损失等）− 以前年度亏损的弥补

应纳所得税额 = 应纳税所得额 × 税率 − 减免税额 − 抵免税额

（4）企业所得税常见费用税前扣除比例

企业所得税中常见的可以税前扣除的费用有工资薪金、职工福利费、基本养老保险费、基本医疗保险费、失业保险费、工伤保险费、生育保险

费等社会保险费及住房公积金、广告费和业务宣传费、业务招待费、佣金和手续费、捐赠支出等，有的可以全额扣除，有的则有限额比例。

企业所得税常见费用税前扣除比例如图 1-5 所示。

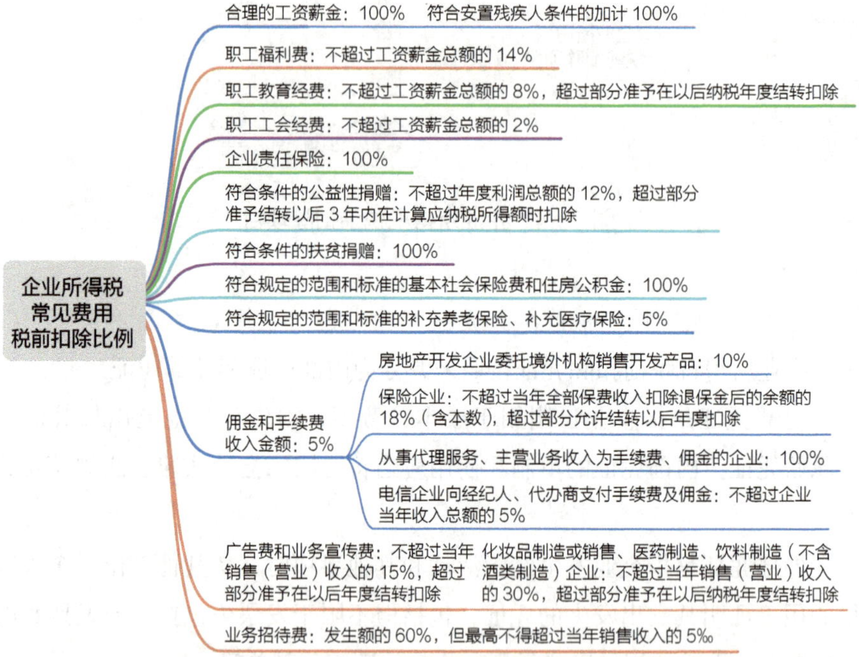

图 1-5 企业所得税常见费用税前扣除比例

合理的工资薪金：100%　符合安置残疾人条件的加计 100%

职工福利费：不超过工资薪金总额的 14%

职工教育经费：不超过工资薪金总额的 8%，超过部分准予在以后纳税年度结转扣除

职工工会经费：不超过工资薪金总额的 2%

企业责任保险：100%

符合条件的公益性捐赠：不超过年度利润总额的 12%，超过部分准予结转以后 3 年内在计算应纳税所得额时扣除

符合条件的扶贫捐赠：100%

符合规定的范围和标准的基本社会保险费和住房公积金：100%

符合规定的范围和标准的补充养老保险、补充医疗保险：5%

佣金和手续费收入金额：5%

房地产开发企业委托境外机构销售开发产品：10%

保险企业：不超过当年全部保费收入扣除退保金后的余额的 18%（含本数），超过部分允许结转以后年度扣除

从事代理服务、主营业务收入为手续费、佣金的企业：100%

电信企业向经纪人、代办商支付手续费及佣金：不超过企业当年收入总额的 5%

广告费和业务宣传费：不超过当年 化妆品制造或销售、医药制造、饮料制造（不含销售（营业）收入的 15%，超过 酒类制造）企业：不超过当年销售（营业）收入部分准予在以后年度结转扣除 的 30%，超过部分准予在以后纳税年度结转扣除

业务招待费：发生额的 60%，但最高不得超过当年销售收入的 5‰

图 1-5　企业所得税常见费用税前扣除比例

举个例子　假设某企业本年度支付给员工的工资总额为 100 万元。

工资、薪金支出：这 100 万元工资薪金可以在计算企业所得税应纳税所得额时全额扣除。

职工福利费支出：如果该企业本年度发生的职工福利费为 15 万元，且工资总额为 100 万元，那么职工福利费的扣除比例为 14%，即可以扣除 14 万元（100×14%），超出部分不能扣除。

职工教育经费支出：如果企业的职工教育经费支出为 8 万元，同样地，工资总额为 100 万元，那么可以扣除的金额为 8 万元（100×8%），如果有超出部分，则结转到以后年度扣除。

工会经费支出：假设企业拨缴的工会经费为2万元，工资总额为100万元，那么可以扣除的工会经费为2万元（100×2%）。

（5）企业应在什么时间取得企业所得税税前扣除凭证

企业应在当年度企业所得税法规定的汇算清缴期结束前取得企业所得税税前扣除凭证。

你问我答小课堂 ·····································

问：以前年度的支出因未取得扣除凭证而没有进行企业所得税税前扣除，今年取得了符合条件的凭证，能否在今年进行税前扣除？

答：您企业若由于一些原因（如购销合同、工程项目纠纷等），在规定的期限内未能取得符合规定的发票、其他外部凭证或者取得不合规发票、不合规其他外部凭证，企业主动没有进行企业所得税税前扣除的，待以后年度取得符合规定的发票、其他外部凭证后，相应支出可以追补至该支出发生年度扣除，追补扣除年限不得超过5年。

其中，因对方注销、撤销、依法被吊销营业执照、被税务机关认定为非正常户等特殊原因无法补开、换开符合规定的发票、其他外部凭证的，企业在以后年度凭相关资料证实支出真实性后，相应支出也可以追补至该支出发生年度扣除，追补扣除年限不得超过5年。

10. 个人所得税专项扣除和专项附加扣除

（1）什么是个人所得税专项扣除

个人所得税专项扣除，包括居民个人按照国家规定的范围和标准缴纳的基本养老保险、基本医疗保险、失业保险等社会保险费和住房公积金等。这些是现行规定允许扣除的项目，通过归纳整理后形成的概念。对于这四项，单位和个人都需要按照规定的比例缴纳，其中个人缴纳的部分可以在计算个人所得税应纳税所得额时予以扣除。个人所得税专项扣除项目如图1-6所示。

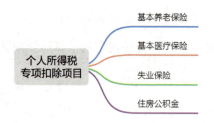

图1-6 个人所得税专项扣除项目

（2）什么是个人所得税专项附加扣除

个人所得税专项附加扣除是指在基本减除费用的基础上，为了缓解个人在教育、医疗、住房等方面的支出压力而设立的额外扣除。包括子女教育、继续教育、大病医疗、住房贷款利息或者住房租金、赡养老人、3岁以下婴幼儿照护等专项支出。这些项目允许在计算个人所得税应纳税所得额时额外扣除，从而进一步降低应纳税额。个人所得税专项附加扣除项目如图1-7所示。

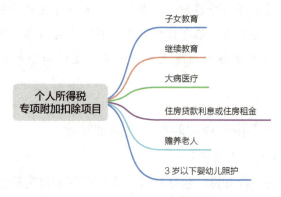

图1-7 个人所得税专项附加扣除项目

子女教育扣除相关规定如图 1-8 所示。

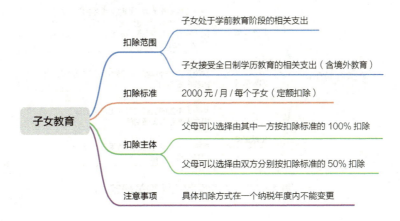

图 1-8　子女教育扣除相关规定

继续教育扣除相关规定如图 1-9 所示。

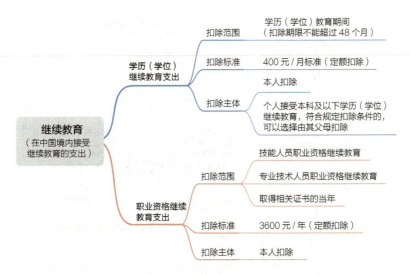

图 1-9　继续教育扣除相关规定

大病医疗扣除相关规定如图 1-10 所示。

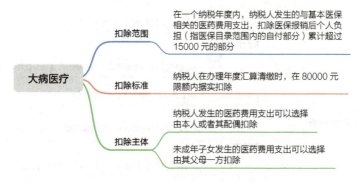

图 1-10 大病医疗扣除相关规定

住房贷款利息扣除相关规定如图 1-11 所示。

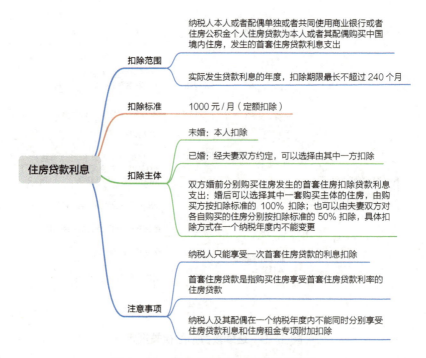

图 1-11 住房贷款利息扣除相关规定

住房租金扣除相关规定如图 1-12 所示。

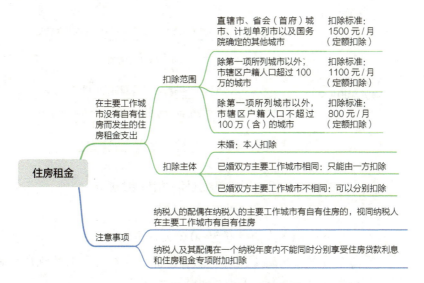

图 1-12 住房租金扣除相关规定

赡养老人扣除相关规定如图 1-13 所示。

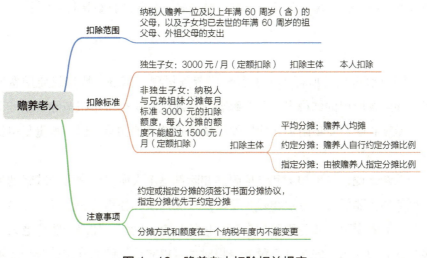

图 1-13 赡养老人扣除相关规定

3 岁以下婴幼儿照护扣除相关规定如图 1-14 所示。

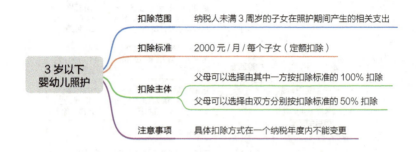

图 1-14　3 岁以下婴幼儿照护扣除相关规定

举个例子　　一个纳税人的年薪为 30 万元，个人缴纳的"三险一金"为 2 万元，则这 2 万元可以在计算个人所得税应纳税所得额时填写在专项扣除中进行税前扣除。

以同样年薪为 30 万元的纳税人为例，如果其有正在接受中学教育的女儿、年满 60 周岁的父母以及在深圳租房居住（没有自有住房），那么其在计算个人所得税应纳税所得额时，除可以扣除"三险一金"的 2 万元外，还可以根据具体情况扣除子女教育、赡养老人和住房租金等相关支出。

（3）注意事项

同时取得综合所得（工资薪金、劳务报酬、稿酬、特许权使用费所得）和经营所得的纳税人，可在综合所得或经营所得中申报减除费用 6 万元、专项扣除、专项附加扣除以及依法确定的其他扣除，但不得重复申报减除。

总结来说，专项扣除和专项附加扣除都是个人所得税中用于减轻纳税人税负的重要手段。专项扣除主要涉及社会保险和住房公积金等"三险一金"，而专项附加扣除则更加广泛，包括教育、医疗、住房和赡养老人等多个方面的支出。您在进行税务申报时，可以充分了解和利用这些扣除项目，以合法减少应纳税额，减轻您的负担。

二、征收管理常识

1.查账征收和核定征收

（1）什么是查账征收

查账征收是一种税款征收方式，主要适用于财务会计制度较为健全，能够如实核算并提供生产经营情况，正确计算应纳税款的纳税人。如果你公司的财务会计制度比较健全，您可以依据财务账簿和会计记载，先自行进行核算和纳税申报，计算缴纳税款，事后再经税务机关查账核实，如有不符时，可多退少补。

温馨小提示

一般来说，如果您公司符合下面几个条件，您公司就可以申请查账征收了哟。

① 会计核算健全：您需要建立健全的会计制度，能够准确核算收入、成本、费用等财务数据。

② 能够如实申报：您需要按照税法规定如实申报纳税，不得隐瞒收入或虚报成本。

③ 财务资料完整：您需要保存完整的财务资料，包括会计凭证、账簿、报表等，以便税务机关进行检查。

④ 纳税信用良好：您需要具有良好的纳税信用，没有税收违法行为或不良记录。

（2）什么是核定征收

核定征收也是一种税款征收方式，如果您公司会计账簿尚不健全，资料残缺而难以查账，或者其他原因难以准确确定应纳税额时，可以由税务机关采用合理的方法依法来核定您公司的应纳税款。核定征收方式包括定额征收和核定应纳税所得率征收两种方式。

（3）查账征收和核定征收的区别（见表1-1）

表1-1　　　　　　　　查账征收和核定征收的区别

征收方式	定义	适用对象	计税依据
查账征收	对会计账簿健全，会计信息和资料完整且易于查账，能够准确确定应纳税额的企业，税务机关采用的一种征收方式	查账征收适用于会计核算齐全，设置有会计账簿，并能够准确提供收入、成本资料和凭证等相关资料和信息的企业	以企业计算的利润为计税基础，在利润总额的基础上加或减按照税法规定调整的项目金额后，确定应纳税所得额
核定征收	对会计账簿不健全，会计信息和资料残缺且难以查账，或其他原因难以准确确定应纳税额的企业，税务机关采用的一种征收方式	核定征收对企业会计核算的要求较低，对会计核算没有具体的要求	以税务机关核定的应税所得率计算应纳税所得额作为计税基础，乘以相应的税率计算应纳所得税额。无法核定应税所得率的，由主管税务机关核定其应纳所得税额

　　① 计税依据不同：查账征收是根据您公司的财务账簿和会计记录，以及税法规定的调整项目计算出应纳税所得额，然后按照适用税率计算应纳税额；核定征收则是根据您公司的生产经营情况和财务状况，核定一个应

税所得率，然后按照适用税率计算应纳所得税额，如果无法核定应税所得率的，则由主管税务机关直接核定其应纳所得税额。

②适用对象不同：查账征收主要适用于财务会计制度较为健全，能够如实核算并提供生产经营情况，正确计算应纳税款的纳税人；核定征收则主要适用于财务会计制度不健全，不能准确核算应纳税所得额的纳税人。

③纳税申报方式不同：查账征收需要您公司按照税法规定，如实记录和核算企业的收入、成本、费用等财务信息，并根据这些信息计算应纳税所得额，然后按照适用的税率计算缴纳企业所得税；核定征收则不需要您进行复杂的会计核算和纳税申报，而是由税务机关根据一定的标准和方法直接核定应纳税额。

总的来说，查账征收和核定征收的计税依据、适用对象、纳税申报方式等方面都存在差异，您公司需要根据自身的实际情况选择合适的征收方式。

某制造业企业，2018 年收入总额为 500 万元，成本为 200 万元，费用为 90 万元，相关税金为 10 万元，上一年度没有损失。假设适用税率为 25%，应税所得率为 10%。

按照核定征收：企业所得税 = 500 × 10% × 25% = 12.5（万元）。

按照查账征收：企业所得税 = (500 - 200 - 90 - 10) × 25% = 50（万元）。

因此，对该企业而言，选择核定征收比查账征收节税力度更大。但需要注意的是，核定征收方式的适用范围相对较窄，并且需要符合一定的条件。

2. 纳税申报和申报扣款

（1）什么是纳税申报

纳税申报是您公司按照税法规定的期限和内容，向税务机关提交有关纳税事项的书面报告的法律行为，是您公司履行纳税义务、承担法律责任的主要依据，也是税务机关税收管理信息的主要来源和税务管理的一项重要制度。纳税申报的内容通常包括税款所属期间、应纳税种、应纳税额、已纳税额、应补（退）税额等。

在纳税申报过程中，您公司需要根据税法规定，如实填写纳税申报表，并在规定的时间内报送税务机关。税务机关会对您公司所提交的纳税申报表进行审核，确保纳税信息准确无误。如果您公司申报的信息存在错误或遗漏，可能会面临税务处罚的风险。

（2）什么是申报扣款

申报扣款是纳税申报过程中的一个重要环节，是指您公司在完成纳税申报后，通过一定的支付方式向税务机关缴纳税款的过程。在申报扣款时，具体操作步骤如图 1-15 所示。

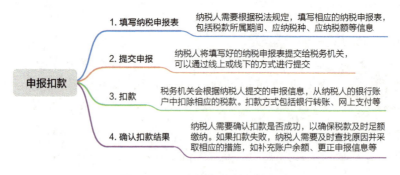

图 1-15　申报扣款操作步骤

温馨小提示

　　如果申报扣款不成功，您可以先检查账户余额，确认您公司银行账户中是否有足够的资金来支付税款，如果余额不足，应尽快补足款项。再检查纳税申报信息是否准确无误，特别是银行账户信息。最后联系当地税务机关，告知他们扣款失败的情况，根据税务机关的要求，可能需要重新提交纳税申报表或提供其他相关文件。

（3）纳税申报和申报扣款的区别

纳税申报和申报扣款是纳税过程中的两个不同阶段，主要区别在于：纳税申报是您公司向税务机关报告应纳税款的过程。在这个过程中您公司需要根据税法规定，填写纳税申报表，提供相关的收入、支出、扣除等信息，计算出应纳税额，并在规定的时间内将纳税申报表提交给税务机关。申报扣款是您公司在纳税申报之后的一个步骤，一旦纳税申报表被税务机关审核通过，就会进入申报扣款阶段，在这个阶段，税务机关会根据您公司申报的应纳税额，从指定的银行账户中扣除相应的税款。

可以说，纳税申报是确定应纳税额的过程，而申报扣款是实际缴纳税款的过程，纳税申报在先，申报扣款在后，这两个阶段相互关联，缺一不可。

你问我答小课堂 ......

问：如果我公司逾期缴纳税款，会有什么后果？

答：如果您公司逾期缴纳税款，可能会产生以下额外的费用和影响呦。

①罚款：逾期缴款可能会导致一定金额的罚款。

②滞纳金：逾期缴纳税款还会产生滞纳金。滞纳金是按逾期未缴税款的一定比例逐日计算的，也就是说，逾期时间越长，滞纳金累计的金额越高。

③影响纳税信用记录：逾期缴纳税款可能会对个人或公司的纳税信用记录产生不良影响，这可能会影响未来的贷款、纳税信用评级等。

④法律责任：在某些情况下，严重的逾期缴纳税款可能还会涉及法律责任。

为了避免这些额外的费用和麻烦，一定要确保按时缴款。如果您公司确实遇到了困难，无法按时缴款，可以尽快与税务机关联系说明情况，税务机关会根据具体情况给予一定的宽限期或提供其他帮助。

3.延期缴纳税款和延期申报

（1）什么是延期缴纳税款

延期缴纳税款是指允许将您公司的应纳税款延迟缴纳或分期缴纳的行为。如果您公司因某些不可抗力原因发生较大损失，从而使正常生产经营活动受到较大影响的，或者是您公司当期的货币资金在扣除应付职工工资、社会保险费后，不足以缴纳税款的，经省、自治区、直辖市、计划单列市税务局批准，可以延期缴纳税款。

如您公司需要延期缴纳税款的，应当在缴纳税款期限届满前提出申请，并报送相关资料。税务机关会在收到延期缴纳税款申请之日起20日内作出批准或者不予批准的决定，不予批准的，从缴纳税款期限届满之日起每日加收0.5‰的滞纳金。

你问我答小课堂

问：不能按期缴纳税款的"特殊困难"是指哪些情形？

答：纳税人不能按期缴纳税款的"特殊困难"是指有以下两种情形之一。

一是因不可抗力，导致经营发生较大损失，正常生产经营活动受到较大影响的；

二是当期货币资金在扣除应付职工工资、社会保险费后，不足缴纳税款的。

（2）什么是延期申报

延期申报是指您公司在法定申报期内因不可抗力，不能按照税法规定的期限办理纳税申报或者报送代扣代缴、代收代缴税款报告表的，或因其他原因，按照规定的期限办理纳税申报或者报送代扣代缴、代收代缴税款报告表确有困难的，经税务机关核准，可以延期申报。延期申请通过后也必须按规定在法定纳税期内预缴税款，在经核准延长的申报期内办理税款结算。

> **温馨小提示**
>
> 延期申报本身通常不会直接影响纳税人的信用记录，但如果延期申报导致税款逾期缴纳，可能会对信用记录产生一定的影响。

（3）延期缴纳税款和延期申报的区别

延期申报不等同于延期缴纳税款，您公司办理了延期申报并不是可以延期缴纳税款，而是由于不能在法定期限内算出准确的申报数据，才申请延期的。延期缴纳税款和延期申报主要有以下区别（见表1-2）。

表1-2　　　　　　　　　延期缴纳税款和延期申报的区别

名称	目的	适用条件	申请时间	影响	批准权限
延期缴纳税款	为了延迟税款的缴纳时间	适用于纳税人有特殊困难，无法按时缴纳税款的情况	一般是在纳税期限届满前申请	可能会产生滞纳金等后果	经省、自治区、直辖市、计划单列市税务局批准
延期申报	为了延长纳税申报的时间	适用于纳税人因不可抗力或其他特殊原因，无法在规定的申报期限内完成申报的情况	在申报期限届满前申请	如果得到批准，通常不会直接产生滞纳金，但仍需在规定的延期期限内完成申报和缴纳税款	批准权限可能相对较低，具体取决于当地的税务管理规定

总的来说，延期缴纳税款和延期申报都是为了给您提供一定的灵活性，但具体适用条件和影响是不同的。当您公司在面临无法按时纳税或申报的情况时，应根据自身实际情况选择合适的方式，并及时向税务机关申请。

4.哪些情况需要预缴税款

预缴税款是一种税收管理手段，有助于企业更好地规划和管理自己的资金流，避免因税收问题而导致的资金紧张。对于一些体量较大的建筑安装企业、房地产开发企业、不动产交易等特定情形实行异地预缴模式。常见的需要预缴的情形有以下几种。

（1）房地产开发企业收到预收款

如果您公司是一家房地产开发企业，采取预收款方式销售自行开发的房地产项目，在收到预收款时应按照 3% 的预征率预缴增值税。

你问我答小课堂

问：我公司是一家属于一般纳税人的房地产开发企业，适用一般计税方法。2024 年 3 月销售商品房取得预收款 1144.5 万元，当期需要预缴的税款有多少？

答：您公司适用一般计税方法计税，应按照 9% 的适用税率计算。应预缴税款 = 预收款 ÷（1 + 适用税率或征收率）× 预征率 = 1144.5 ÷（1 + 9%）× 3% = 31.5（万元）。

（2）跨区域提供建筑服务收到预收款

如果您公司是跨县（市、区）提供建筑服务，并且取得了预收款，应在收到预收款时，以取得的预收款扣除支付的分包款后的余额，需要按照预征率预缴增值税。

温馨小提示

自 2023 年 1 月 1 日至 2027 年 12 月 31 日，按照规定应当预缴增值税税款的小规模纳税人，凡在预缴地实现的月销售额未超过 10 万元（季度销售额未超过 30 万元）的，当期无须预缴税款。在预缴地实现的月销售额超过 10 万元（季度销售额超过 30 万元）的，适用 3% 预征率的预缴增值税项目，减按 1% 预征率预缴增值税。

（3）纳税人异地出租不动产

如果您公司要出租不在您公司所在地的不动产，需要在不动产所在地预缴税款后，向您公司所在地主管税务机关进行纳税申报。具体要看您公司适用的是一般计税方法还是简易计税方法，出租的是住房还是非住房。

如果您公司以经营租赁方式将土地出租给他人使用，需要按照不动产经营租赁服务缴纳增值税。

（4）纳税人转让不动产

如果您公司是非房地产开发企业，转让取得的不动产需要区分不同情形计算，并向不动产所在地主管税务机关预缴税款。具体要看您公司是一般纳税人还是小规模纳税人，不动产是您公司购买的还是自行建造的，取得时间是 2016 年 4 月 30 日之前还是之后等。

温馨小提示

关于纳税人转让其取得的不动产适用的计税方法，概括起来有三点：①一般计税方法仅适用于一般纳税人；②一般纳税人转让 2016 年 4 月 30 日之前取得的不动产，可以在两种计税方法中选择一种适用；③小规模纳税人转让其取得的不动产，适用简易计税方法。

（5）辅导期纳税人一个月内多次领用专用发票

辅导期纳税人主要是指新认定为一般纳税人的小型商贸批发企业和其他一般纳税人，在其成为一般纳税人后的初期阶段，税务机关对其进行特别的纳税辅导和管理的纳税人。

对辅导期一般纳税人实行限额限量发售专用发票制度。如果您公司是辅导期纳税人，一个月内需要多次领用专用发票时，从第二次领用专用发票起，按照上一次已领用并开具专用发票销售额的 3% 预缴增值税。如果您公司未预缴增值税，税务机关不会向您发售专用发票。

（6）建筑企业跨地区预缴企业所得税

如果您公司是建筑企业总机构直接管理的跨地区设立的项目部，应按项目实际经营收入的 0.2% 按月或按季由总机构向项目所在地预分企业所得税，并由项目部向所在地主管税务机关预缴。

▼ 温馨小提示 ▼

如果您公司是总承包方，预缴基数为项目实际经营收入，不得扣除支付给其他单位的分包款。

（7）因特殊事项办理延期申报

如果您公司因不可抗力，不能按期办理纳税申报或者报送代扣代缴、代收代缴税款报告表，或者因其他原因，按照规定的期限办理纳税申报或者报送代扣代缴、代收代缴税款报告表确有困难的，可以在申报期限内提出延期申请。经核准延期办理规定的申报、报送事项的，应当在纳税期内按照上期实际缴纳的税额或者税务机关核定的税额预缴税款，并在核准的延期内办理税款结算。

▼ 温馨小提示 ▼

如果您公司预缴税额大于实际应纳税额的，税务机关结算退税但不向您公司计退利息；预缴税额小于应纳税额的，在结算补税时不加收滞纳金。

5.哪些情况需要汇总纳税

如果您公司属于企业集团或设有分支机构的企业，可以由总公司进行汇总纳税，简单地讲就是总公司把各个分公司的相关数据集中起来统一缴纳。通过汇总纳税，企业可以控制所得税收，减轻税收负担，避免因不能准确核算而对企业经营产生不良影响。主要涉及增值税、消费税、企业所得税等税种。

（1）增值税、消费税汇总纳税

一般情况下，您公司是一个固定业户的话，需要向您公司机构所在地的主管税务机关缴纳税款。因此如果您公司是总分公司类型的企业，但是总分公司又不在同一县（市、区）的，是需要分别向各自的主管税务机关申报纳税。经过批准的，才可以由总公司汇总向总公司所在地的主管税务机关申报纳税。

目前有文件明确规定的实行汇总纳税的企业类型有：电信企业、邮政企业、铁路运输、航空运输、跨地区经营的直营连锁企业。如果您公司属于这些企业，您可以实行汇总纳税。如果您公司想同时申请汇总缴纳增值税和消费税的，在汇总纳税申请资料中予以说明即可，不需要就增值税、消费税分别报送申请资料。

（2）企业所得税汇总纳税

一般情况下，如果您公司是居民企业，设立有不具备法人资格的分公司，您公司可以实行企业所得税汇总纳税，由您公司统一计算包括各个分公司在内的全部应纳税所得额、应纳税额，并根据公司的实际情况确定分公司是否需要就地在分公司所在地缴纳企业所得税以及分摊的比例和税款。对于跨地区经营的公司，实行企业所得税汇总纳税可以避免因分公司众多而导致的重复纳税问题，便于总公司对各分公司的税务进行有效管理，从而减轻公司的税收负担。

温馨小提示

如果您公司是一家不具有法人资格的分公司，您的经营情况应并入总公司，并根据总公司汇总后的数据统一判定是否可以享受小型微利企业的优惠。如果您公司和总公司不进行企业所得税汇总纳税，那么即使总公司可以享受小型微利企业实际税负 5% 的优惠，而您公司因为没有汇总纳税备案，也是不能享受小型微利企业的优惠政策，只能按照 25% 的基本税率进行纳税申报。

6. 哪些情况需要办理汇算清缴

通常情况下，汇算清缴指所得税等一些实行预缴税款办法的税种，在年度终了后需要进行税款汇总结算清缴工作，一般主要涉及企业所得税、个人所得税综合所得和个人所得税经营所得。进行年度汇算清缴，可以帮助企业和个人更直观地了解上一年的收入情况，并对应缴税额多退少补。

（1）企业所得税汇算清缴

企业所得税汇算清缴就是企业根据月度或季度预缴的所得税数额，对一个纳税年度内的所得额和应纳税额进行自行计算、调整，最终确定该年度应补或者应退税额。企业所得税汇算清缴是确保企业依法纳税的重要环节，不仅关系到企业的财务健康，也是企业履行社会责任的体现。因此您作为企业的财务负责人，一定要重视汇算清缴工作，确保按时完成申报，并合理利用各项优惠政策，以降低税收成本。

▲温馨小提示▲

如果您公司在纳税年度内预缴的企业所得税税款超过汇算清缴应纳税款，您可以申请退税，建议您及时申请退税，主管税务机关也会尽快按有关规定为您办理退税的，不再抵缴其下一年度应缴企业所得税税款，这样既减轻了您的办税压力，又可以避免占压您公司的流动资金。

（2）个人所得税综合所得汇算清缴

个人所得税综合所得汇算清缴旨在确保您个人按照实际收入情况正确缴纳个人所得税，同时也是对您的合法权益的一种保障，按时完成汇算清缴对您来说是非常重要的。如果您上一年度取得的有工资薪金、劳务报酬、稿酬和特许权使用费等四项综合所得，在进行汇算时与已预缴的税额相比较，多退少补，完成税款的最终结算。

温馨小提示

　　个人所得税综合所得需要进行汇算的仅指纳入综合所得范围的工资薪金、劳务报酬、稿酬、特许权使用费等四项所得，利息股息红利所得、财产租赁所得等分类所得均不纳入年度汇算。

（3）个人所得税经营所得汇算清缴

　　如果您是个体工商户业主、个人独资企业投资者、合伙企业中的个人合伙人等，并且实行查账征收，在境内取得经营所得，需在每个纳税年度结束后，对当年取得的经营所得进行汇总计算，并按规定缴纳个人所得税。

　　如果您是个人独资企业投资者，您从企业取得的所得，应比照"经营所得"计算缴纳个人所得税，而不是属于工资薪金所得，对于您从个人独资企业以工资名义取得的所得是不能在经营所得中扣除的。

（4）三类汇算清缴的区别（见表 1-3）

表 1-3　　　　　　　　　　三类汇算清缴的区别

汇算项目	汇算内容	汇算时间
企业所得税汇算清缴	将会计利润调整为应纳税所得额，包括收入总额、免税收入、成本费用、税前扣除项目等，一般适用 25% 的税率（特殊情况，减按 20%、15%、10% 的税率）	年度终了之日起 5 个月内
个人所得税综合所得汇算清缴	汇总全年的综合所得收入额，减除费用 6 万元以及专项扣除、专项附加扣除和其他依法确定的扣除后的余额，适用 3%—45% 的超额累进税率	取得所得的次年 3—6 月
个人所得税经营所得汇算清缴	汇总整个纳税年度内取得的所有经营所得，以每一纳税年度的收入总额减除成本、费用以及损失后的余额，为应纳税所得额，适用 5%—35% 的超额累进税率	取得所得的次年 1—3 月

你问我答小课堂 ....

问：我是一个个体工商户的业主，其他公司还给我发放了 13 万元的工资，我需要进行什么汇算？在进行年度汇算时，我的减除费用和专项附加扣除应该怎么扣除？

答：首先您需要进行个体工商户的个人所得税经营所得年度汇算，其次您取得的工资收入需要进行个人所得税综合所得年度汇算。

您如果是同时取得综合所得和经营所得的纳税人，可在综合所得或经营所得中申报减除费用 6 万元、专项扣除、专项附加扣除以及依法确定的其他扣除，但不得重复申报减除。也就是说，您发生的不同扣除类别可以在综合所得或经营所得中分别扣除。比如 6 万元减除费用可以在经营所得汇算时扣除，专项附加扣除可以选择在综合所得汇算时扣除。

7. 设立登记、停业登记、复业登记、注销登记

在您公司的生产经营过程中常见的登记可能有设立登记、停业登记、复业登记、注销登记等情形。进行税务登记不仅是您的法定义务，也是税务机关进行有效税收管理的重要手段，为后续的税收管理和纳税服务提供基础数据支持。

（1）什么是设立登记

如果您想成立一个新公司，那您在办理完市场主体登记之后，还有一项重要的事项需要完成，那就是办理一照一码户信息确认。这是您在开始生产、经营活动前，需要依法向税务机关办理的一项法定手续。总的来说，设立登记是税收征收管理的起点，有利于税务机关了解纳税人的基本情况，加强税源监控，规范税务登记管理。同时，这也是纳税人依法履行纳税义务的重要环节。因此，对于新注册的公司或企业来说，及时完成设立登记是非常必要的，以确保其合法合规地开展业务活动。

温馨小提示

为了方便您办理登记事项，您在市场监管部门办理完结后，您公司的相关信息会自动同步传递到税务部门，您只需要在电子税务局上进行一照一码信息确认，补充相关信息，采集所需资料即可，经过简单的操作，您就完成了税务登记啦！之后，税务部门接收到您的信息之后，会根据企业提供的主营业务信息来确定企业要交的税种，并分配主管税务所。

（2）什么是停业登记

如果您公司是定期定额征收方式的个体工商户或比照定期定额户进行税款征收管理的个人独资企业，当您公司想要暂时停止生产经营活动时，您需要填写一张表单，说明您的停业理由、停业期限、停业前的纳税情况和发票的领、用、存情况，并结清应纳税款、滞纳金、罚款。因此，停业登记是企业在特定情况下暂停经营活动的法定程序，有助于企业在面临经营困难时合法地减少运营成本，同时确保税务管理的合规性。在办理停业登记时，企业应遵守相关法规，确保所有手续按照规定完成。

温馨小提示

一般情况下，您公司办理了停业申请，期限不得超过1年。如果您公司停业期满还不能及时恢复生产经营的，应当在停业期满前向税务机关提出延长停业报告。如果您公司不申请延长停业的，税务机关将视为您公司已恢复生产经营，会将其纳入正常管理，并按核定税额按期征收税款。

（3）什么是复业登记

如果您公司之前向主管税务机关申请了停业登记，现在想恢复生产经营了，您公司可以向税务机关申请复业登记，填写《停、复业报告书》。如果您公司停业期满既未按期复业又不申请延长停业的，税务机关会视为您公司已经恢复营业，将会对您公司实施正常的税收征收管理。

温馨小提示

如果您公司按核准的停业期限准期复业，应当在停业到期前向税务机关申请办理复业登记；如果您公司想提前复业，也应当在恢复生产经营之前向税务机关申报办理复业登记。

（4）什么是注销登记

注销登记是企业结束运营的重要环节，标志着企业正式退出市场。当您公司不想经营，您可以选择注销公司。注销之后，您公司将无法再以该公司名义进行任何商业活动，其法人资格和经营权将被正式取消。因此，如果您公司之后想要注销，在办理注销登记时一定要谨慎行事，确保所有步骤符合法律规定，以保护自己的合法权益。

温馨小提示

如果您公司之前没有办理过任何的涉税事宜，现在想要办理注销登记，您可以主动到税务机关办理清税，税务机关可根据您提供的营业执照即时出具清税文书。

（5）四种登记的区别（见表1-4）

表1-4　　　　　　　　　　　　四种登记的区别

不同点	设立登记	停业登记	复业登记	注销登记
申请主体	办理了市场主体登记的任何主体都可以	定期定额征收方式的个体工商户和比照定期额户进行税款征收管理的个人独资企业	之前办理了停业登记的企业	办理了税务登记的任何主体都可以
申请时间	办理市场主体登记之后	生产经营中任意时间	停业期满前	任何时间都可以
申请结果	可以办理涉税事项了	暂时停止经营	恢复正常生产经营	公司不存在了

你问我答小课堂 ....

　　问：我们公司办理市场主体登记之后，因为一些事情忘记办理税务登记了，现在已超过6个月。如果现在办理，税务上会有什么处罚吗？

　　答：一般情况下，从事生产、经营的纳税人应在领取营业执照后的30天内，向生产、经营地或纳税义务发生地的主管税务机关申报办理税务登记。但是有一点需要您注意，对于领取"一照一码"营业执照后30日内未到税务局办理涉税事宜的，是不予进行"逾期办理税务登记"处罚的。

三、纳税服务常识

1. 银税合作

银税合作，即"银税互动"，是指税务部门、金融监管部门与银行业金融机构合作，帮助企业尤其是小微企业缓解融资难题的活动。简单来说，就是把企业的纳税情况转化为贷款的信用，只要纳税情况优秀，甚至可以不用抵押担保就获得贷款。以下是银税合作的几个关键点。

（1）数据共享

银税合作的一个重要方面是税务和银行之间的数据共享。通过这种方式，银行可以更好地了解企业的纳税信用状况，从而在没有质押或抵押的情况下为企业提供资金支持。

（2）政策支持

国家税务总局和金融监管部门发布了相关文件，明确了"银税互动"的内容和工作要求，旨在推动企业的健康发展，并实现税务、金融和企业三方的共赢。

（3）产品创新

为了适应民营和小微企业的特点，如贷款需求强、金额小、偿还快等，各地税务和金融监管部门鼓励银行优化信贷审批流程，创新设计信贷产品。

（4）服务效率

为了提高服务效率，银行鼓励通过网上银行等渠道实现贷款申请、审批、授信、放贷的"网上一站式"办理。

（5）合作机制

建立银税合作联席会议制度，共同推动银税合作，这有助于形成企业、银行、税务三方共赢的局面。

总的来说，银税合作是一种创新的金融服务模式，通过税务和金融机构的合作，有利于解决企业信贷融资中信息不对称的问题，促进企业融资的可获得性，降低融资成本；有利于纳税信用评价结果的增值运用，促进企业依法诚信纳税；有利于银行业金融机构开发优质客户，并根据企业诚信状况，改进服务。"银税互动"有助于促进企业良性发展，实现企业、金融、税务三方共赢。

2. 税邮合作

税邮合作是税务和邮政部门之间的一种协同服务模式，旨在提高公共服务效率，方便您办理税务事宜。这种合作模式通常包括以下几个方面。

（1）现场办税服务

邮政网点提供办税服务，您可以在就近的邮政网点完成税务相关业务。如代开发票、车辆购置税、社保费以及其他非税收入等合作项目。

（2）发票寄递服务

税务部门通过邮政服务为您提供发票寄递服务，方便快捷。

（3）文书送达服务

税务通知等文书可以通过邮政系统送达，确保信息的及时传递。

（4）税法宣传服务

利用邮政网点进行税法宣传，提高公众的税收法律意识。

税邮合作是税务部门与邮政部门之间的一种有益合作，不仅为您提供了更多的便利，也提高了税务服务的效率和质量。这种合作模式是"放管服"改革精神的具体体现，通过整合资源和优化服务流程，有效地推动了税务管理的现代化进程。

3. 容缺办理

容缺办理是一种便利企业的服务机制，允许您企业在办理涉税事项时，如果某些非关键性资料不齐全，可以提出容缺受理的要求，杜绝"多头跑、多次跑"现象，有力推进"最多跑一次"政策的落地落实，切实解决您的痛点和难点。容缺办理的具体内容可以分为以下几个方面。

（1）适用情形

当您提交的主要材料齐全且符合法定形式时，如果次要材料暂有欠缺或存在瑕疵，税务机关允许您企业在书面承诺补齐的前提下，先行办理相关税费业务。

（2）承诺书要求

您企业选择容缺办理时，需要签署《容缺办理承诺书》，书面承诺知晓容缺办理的相关要求，并愿意承担相应的责任。

（3）资料补正

您企业应在规定时限内（通常为20个工作日）通过现场提交、邮政寄递或其他税务机关认可的方式补正所需资料。

（4）自愿选择

对于是否采用容缺办理方式是自愿的，您企业可以根据自身的具体情况和需求来决定是否适用该服务。

容缺办理旨在提高办税效率，减少因材料不全而多次往返的情况，同时也鼓励了诚信纳税，体现了税务部门服务理念的创新和提升。

你问我答小课堂

问：什么情况下可以容缺办理呀？我公司是D级纳税人，现在要办理一般注销，可以容缺办理吗？

答：重大税收违法失信案件当事人不适用容缺办理。对向市场监管部门申请一般注销的纳税人，税务机关在为其办理税务注销时，进一步落实限时办结规定。对未处于税务检查状态、无欠税（滞纳金）及罚款、已缴销增值税专用发票及税控专用设备，且符合下列情形之一的纳税人，优化即时办结服务，采取"承诺制"容缺办理，即纳税人在办理税务注销时，若资料不齐，可在其作出承诺后，税务机关即时出具清税文书。

（1）纳税信用级别为A级和B级的纳税人；

（2）控股母公司纳税信用级别为A级的M级纳税人；

（3）省级人民政府引进人才或经省级以上行业协会等机构认定的行业领军人才等创办的企业；

（4）未纳入纳税信用级别评价的定期定额个体工商户；

（5）未达到增值税纳税起征点的纳税人。

纳税人应按承诺的时限补齐资料并办结相关事项。若未履行承诺的，税务机关将对其法定代表人、财务负责人纳入纳税信用D级管理。

您公司为D级纳税人，不能适用"承诺制"容缺办理。

4.纳税咨询途径

您可以通过多种途径进行纳税咨询，以确保准确、及时地完成税务相关事宜。以下是一些常见的纳税咨询方式。

（1）电话咨询

通过拨打12366纳税缴费服务热线，可以方便快捷地获得税务咨询和帮助。

（2）网上咨询

利用税务网站、新电子税务局征纳互动平台等进行在线咨询或留言。通过观看税务机关提供的视频资料，关注税务部门微信公众号等了解税收政策和办税流程。

（3）现场咨询

通过办税服务厅、税收管理员进行面对面咨询，这种方式适合需要深入交流或解决复杂问题的情况。

（4）信函咨询

通过书面形式向税务机关提出咨询，这种方式适合需要正式记录问题的情况。

总的来说，这些方式提供了便捷、灵活的咨询途径，您可以根据自己的需求和时间选择合适的咨询方式。

5.纳税服务投诉、意见建议和涉税举报途径

您如果认为税务机关及其工作人员在履行纳税服务职责过程中未能提供规范、文明的服务或存在其他侵犯您合法权益的情况，或者您对税务机关的相关工作存在意见建议，或者您对其他单位或个人存在涉税举报，您都可以通过以下途径进行反映，确保您的合法权益受到保护。

（1）12366纳税缴费服务热线

这是国家税务总局设立的全国统一的纳税缴费服务热线，您可以通过拨打电话进行投诉、涉税举报、意见建议的反馈。

（2）网络咨询平台

包括各级税务机关的门户网站、微信、微博等，您可以通过这些平台提交相关意见。

（3）书面方式

您可以选择通过信函的方式向税务机关提交相关问题。

（4）现场受理

您也可以直接到税务机关的办税服务大厅进行投诉、涉税举报或意见建议。

第二课

税收基础知识

一、货物和劳务税

1.增值税

（1）什么是增值税

增值税是在商品或服务增值环节征收的税。简单来说，就是当您购买商品或服务并再次将其出售时，您需要为这些商品或服务在您手中增值的部分支付税款。

（2）谁需要缴纳增值税

增值税纳税人的范围如图 2–1 所示。

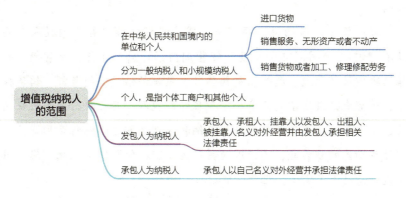

图 2–1　增值税纳税人的范围

任何从事销售商品或提供服务并从中获利的主体，都可能成为增值税的纳税人。在我国只要是销售了商品或提供了服务（比如修理、加工、餐饮、娱乐等），或者进口了货物，这些单位和个人可能都需要缴增值税。

（3）增值税纳税人的划分

税法中将增值税纳税人按会计核算水平和经营规模划分为一般纳税人和小规模纳税人。一般纳税人是指除特殊情形外，年应税销售额超过财政部、国家税务总局规定的小规模纳税人标准的纳税人。

作为企业财务负责人，您一定要清楚自己的企业是属于一般纳税人还是小规模纳税人，这直接影响到您企业适用的税率或征收率、税款的计算方式、申报期限等。

小规模纳税人在税款计算时是无法抵扣进项税额的，但如果您企业会计核算健全，能够准确提供税务资料，也可以向税务机关申请登记为一般纳税人，在计算税款时按要求抵扣进项税额。

你问我答小课堂

问：我公司的主营业务是销售货物，去年的销售收入为 630 万元，其中转让厂房的收入为 380 万元，那我公司需要登记为一般纳税人吗？

答：关于一般纳税人规定中，年应税销售额，是指纳税人在连续不超过 12 个月或 4 个季度的经营期内累计应征增值税销售额，包括纳税申报销售额、稽查查补销售额、纳税评估调整销售额。销售服务、无形资产或者不动产有扣除项目的纳税人，其应税行为年应税销售额按未扣除之前的销售额计算。纳税人偶然发生的销售无形资产、转让不动产的销售额，不计入应税行为年应税销售额。因此，您公司的这种情况是不需要登记为一般纳税人的。

（4）增值税的税率和征收率

在我国，增值税税率、征收率根据不同的行业、不同的纳税人类型以及不同的业务类型而有所区别。

通常情况下，一般纳税人采用一般计税方法，适用 13%、9%、6%、零税率，小规模纳税人采用简易计税方法，适用 3%、5% 的征收率。

增值税税率主要有以下几档：

① 基本税率（13%）：适用于除特殊列举外的货物或服务的销售或进口，这包括了大部分的有形动产的销售或进口。

② 低税率（9%）：适用于某些特定货物或服务的销售或进口。如粮食等农产品、食用植物油、自来水、暖气、图书、交通运输服务、邮政服务、基础电信服务、建筑服务、不动产租赁服务等。

③ 低税率（6%）：销售增值电信服务、金融服务、现代服务（租赁服务除外）、生活服务、无形资产（不含转让土地使用权）。

④ 零税率：适用于出口货物，即当货物离开中国国境时，不再征收增值税。

增值税征收率有以下几档：

① 一般情形征收率（3%）：小规模纳税人销售货物、提供加工修理修配劳务、提供建筑服务、交通运输服务、生活服务、现代服务等，一般纳税人一般情况下选择简易计税方式的大都适用3%的征收率。

② 特殊情形征收率（5%）：销售不动产、出租不动产、房地产开发企业销售自行开发的房地产项目、提供劳务派遣服务选择差额征税方式、安全保护服务等。

温馨小提示

简易计税方法是一种简化的税务处理方式，便于小规模纳税人或特定服务的提供者计算并缴纳增值税。虽然这种方法不能抵扣进项税额，但对于一些纳税人来说，可能会因为操作简便和征收率较低而减轻税收负担。

一般纳税人发生的特定应税行为，如提供公共交通运输、电影放映、仓储、收派、装卸搬运、文化体育服务，销售自产的建筑用和生产建筑材料所用的砂、土、石料，销售自己使用过的固定资产等可以选择适用简易计税方法。

（5）增值税的计算方式

增值税的计算同样需要区分一般纳税人和小规模纳税人。

小规模纳税人的应纳税额 = 销售额 × 征收率

一般纳税人的应纳税额 = 当期销项税额 − 当期进项税额

销项税额 = 销售额 × 税率

销项税额是按照销售额和增值税税率计算的增值税税额；进项税额是购进货物或者接受加工修理修配劳务和应税服务，支付或者负担的增值税税额。

（6）增值税的申报期限

增值税的纳税期限根据不同的纳税人和行业特点，分为多种不同的时间段：按次、按月或按季纳税。增值税的申报期限通常为每月或每季度期满后 15 日内。如果遇到法定节假日或者周末，申报期限会相应顺延。

在确定纳税期限时，税务机关会根据您公司的实际情况进行核定，选择一个既能满足法律要求又能保持财务灵活性的纳税期限，以确保您公司按时完成纳税申报。

你问我答小课堂

问：我刚成立了一家公司，是小规模纳税人，现在经营初期，资金也比较紧张，增值税上有没有适合我的优惠政策？

答：根据目前的税收政策，增值税小规模纳税人适用 3% 征收率的应税销售收入，减按 1% 征收率征收增值税；适用 3% 预征率的预缴增值税项目，减按 1% 预征率预缴增值税。

增值税小规模纳税人发生增值税应税销售行为，合计月销售额未超过 10 万元（以 1 个季度为 1 个纳税期的，季度销售额未超过 30 万元）的，免征增值税。小规模纳税人发生增值税应税销售行为，合计月销售额超过 10 万元，但扣除本期发生的销售不动产的销售额后未超过 10 万元的，其销售货物、劳务、服务、无形资产取得的销售额免征增值税。

（7）常见不征收增值税情形（如图 2-2 所示）

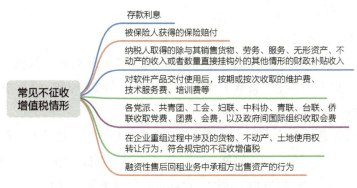

图 2-2　常见不征收增值税情形

（8）常见免征增值税情形

增值税中可以享受免税的情形如图 2-3 所示。如果您有符合条件的，那恭喜您，可以"省钱"啦！

图 2-3　常见免征增值税情形

温馨小提示

2024 年 12 月 25 日，第十四届全国人民代表大会常务委员会第十三次会议审议通过了《中华人民共和国增值税法》，自 2026 年 1 月 1 日起施行。

2.消费税

（1）什么是消费税

消费税是一种针对特定商品和服务的税收，是对在中国境内从事生产、委托加工、零售（特殊）和进口应税消费品的单位和个人，在特定环节征收的一种税。

消费税是一种价内税，就是税金包含在价格之中，作为价格的组成部分。顾名思义，商品的价格就是实际需要支付的总价，包含了消费税。同时，消费税具有税收负担转嫁性，最终都转嫁到消费者身上。

温馨小提示

简单来说，消费税就是对特定的消费品和消费行为征收的一种税。如果您企业没有上述应税行为，则不需要缴纳消费税。

（2）谁需要缴纳消费税

在我国，您如果从事生产、委托加工、零售（特殊）和进口业务，并且涉及的消费品恰好属于税法规定的应税消费品的范围，那么您就可能需要缴纳消费税。

通常情况下，在我国境内生产、委托加工和进口应税消费品的单位和个人，都需要缴纳消费税。如果您公司从事金银首饰、铂金首饰、钻石及钻石饰品和超豪华小汽车的零售业务，或者批发卷烟和电子烟，也需要缴纳消费税。公司从事委托加工应税消费品的，需要由受托方代扣代缴消费税。

你问我答小课堂

问：超豪华小汽车需要加征消费税，那超豪华小汽车如何界定？

答：“小汽车”税目下增设“超豪华小汽车”子税目。征税范围为每辆零售价格130万元（不含增值税）及以上的乘用车和中轻型商用客车，即乘用车和中轻型商用客车子税目中的超豪华小汽车。

（3）消费税的税目与税率

目前，我国现行的消费税包括 15 个税目，主要包括烟、酒、高档化妆品、贵重首饰及珠宝玉石、鞭炮焰火、成品油、摩托车、小汽车、高尔夫球及球具、高档手表、游艇、木制一次性筷子、实木地板、电池、涂料。

消费税的税率有多种形式，有比例税率、定额税率，还有比例税率和定额税率相结合的情形。

比例税率是对商品销售额或者进口环节的完税价格征收一定百分比的税。这种税率形式适用于大多数应税消费品，如高档化妆品、贵重首饰及珠宝玉石等。比例税率随着商品价格的变化而变化。

定额税率是按商品的计量单位（如重量、容量等）征收固定金额的税。这种税率形式适用于啤酒、黄酒、成品油等商品，其税额不会因商品价格的变动而改变。

对于某些特定的商品，如白酒和卷烟，采用比例税率和定额税率双重征收的形式。这种复合税率结合了比例税率和定额税率的特点，旨在更有效地调控这些商品的消费。

消费税税目与税率见表 2-1。

表 2-1　　　　　应税消费品名称、税率和计量单位对照表

应税消费品名称	比例税率	定额税率	计量单位
一、烟			
1. 卷烟			
（1）工业			
① 甲类卷烟［调拨价 70 元（不含增值税）/ 条以上（含 70 元）］	56%	30 元 / 万支	万支
② 乙类卷烟［调拨价 70 元（不含增值税）/ 条以下］	36%	30 元 / 万支	万支
（2）商业批发	11%	50 元 / 万支	万支

续表

应税消费品名称	比例税率	定额税率	计量单位
2.雪茄烟	36%	—	支
3.烟丝	30%	—	千克
4.电子烟			
（1）工业	36%	—	盒
（2）商业批发	11%	—	盒
二、酒			
1.白酒	20%	0.5 元 /500 克（毫升）	500 克（毫升）
2.黄酒	—	240 元 / 吨	吨
3.啤酒			
（1）甲类啤酒［出厂价格 3000 元（不含增值税）/ 吨以上（含 3000 元）］	—	250 元 / 吨	吨
（2）乙类啤酒［出厂价格 3000 元（不含增值税）/ 吨以下］	—	220 元 / 吨	吨
4.其他酒	10%	—	吨
三、高档化妆品	15%	—	实际使用计量单位
四、贵重首饰及珠宝玉石			
1.金银首饰、铂金首饰和钻石及钻石饰品	5%	—	实际使用计量单位
2.其他贵重首饰和珠宝玉石	10%	—	实际使用计量单位
五、鞭炮、焰火	15%	—	实际使用计量单位
六、成品油			
1.汽油	—	1.52 元 / 升	升
2.柴油	—	1.20 元 / 升	升
3.航空煤油	—	1.20 元 / 升	升
4.石脑油	—	1.52 元 / 升	升
5.溶剂油	—	1.52 元 / 升	升
6.润滑油	—	1.52 元 / 升	升

续表

应税消费品名称	比例税率	定额税率	计量单位
7.燃料油	—	1.20元/升	升
七、摩托车			
1.气缸容量（排气量，下同）=250毫升	3%	—	辆
2.气缸容量＞250毫升	10%	—	辆
八、小汽车			
1.乘用车			
（1）气缸容量（排气量，下同）≤1.0升	1%	—	辆
（2）1.0升＜气缸容量≤1.5升	3%	—	辆
（3）1.5升＜气缸容量≤2.0升	5%	—	辆
（4）2.0升＜气缸容量≤2.5升	9%	—	辆
（5）2.5升＜气缸容量≤3.0升	12%	—	辆
（6）3.0升＜气缸容量≤4.0升	25%	—	辆
（7）气缸容量＞4.0升	40%	—	辆
2.中轻型商用客车	5%	—	辆
3.超豪华小汽车	10%	—	辆
九、高尔夫球及球具	10%	—	实际使用计量单位
十、高档手表	20%	—	只
十一、游艇	10%	—	艘
十二、木制一次性筷子	5%	—	万双
十三、实木地板	5%	—	平方米
十四、电池	4%	—	只
十五、涂料	4%	—	吨

你问我答小课堂 ···

　　问：我公司主要是从事电子烟批发的，听说消费税主要在生产环节征收，那我公司用不用缴纳消费税？如果需要缴纳，在税率上有什么规定吗？

答：在我国境内生产（进口）、批发电子烟的单位和个人都需要缴纳消费税，并不是只有生产环节。您公司如果取得烟草专卖批发企业许可证并经营电子烟批发业务，按照规定您公司需要缴纳消费税。电子烟在批发环节的消费税税率是11%。

（4）消费税的计算方式

消费税的计算需要根据从价、从量、复合计税等不同的税率形式确定不同的计算方法（见表2-2）。

表2-2　　　　　　　　　　消费税计税方法

计税依据	适用范围	计税公式
从价计征	除啤酒、黄酒、成品油、卷烟、白酒以外的其他各项应税消费品	销售额 × 比例税率
从量计征	啤酒、黄酒、成品油	销售数量 × 单位税额
从价从量复合计征	批发卷烟；生产、委托加工、进口卷烟、白酒	销售额 × 比例税率 +销售数量 × 单位税额

▼温馨小提示◀

在确定消费税应税销售额的时候需要注意，其不包含增值税。即消费税的应税销售额 = 含增值税销售额 ÷（1 + 增值税税率或征收率）。

（5）消费税的申报期限

根据不同的纳税人和行业特点，消费税的纳税期限分为多种不同的时间段：按次、按月或按季纳税。消费税的申报期限通常为每月或每季度期满后15日内。如果遇到法定节假日或者周末，申报期限会相应顺延。

增值税小规模纳税人缴纳消费税时，一般实行按季申报，纳税人要求不实行按季度申报的，主管税务机关会根据纳税人的具体情况核定一个具体的纳税期限，以确保其按时完成纳税申报。

（6）消费税的纳税地点（如图2-4所示）

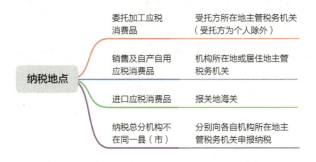

图2-4　消费税的纳税地点

（7）常见免征消费税的情形

消费税中可以享受免税的情形如图2-5所示。如果您有符合条件的，那恭喜您，可以"省钱"啦！

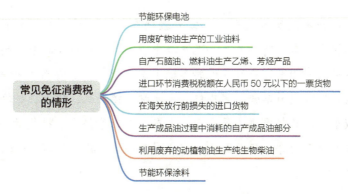

图2-5　常见免征消费税的情形

3.车辆购置税

（1）什么是车辆购置税

车辆购置税是在购买新车时需要缴纳的一种税款，简单来说，当单位和个人在我国境内购买规定的车辆时，需要依法缴纳车辆购置税。

温馨小提示

车辆购置税实行一次性征收。购置已征车辆购置税的车辆，不再征收车辆购置税。

购置新车时已享受购置税优惠的，后续转让、交易时不再补缴车辆购置税。

（2）谁需要缴纳车辆购置税

需要缴纳车辆购置税的车辆包括汽车、有轨电车、汽车挂车以及排气量超过 150 毫升的摩托车。

你问我答小课堂

问：我公司是一家建筑企业，购买的挖掘机需要缴纳车辆购置税吗？

答：并不是所有的车辆都需要缴纳车辆购置税，需要缴纳购置税的车辆有汽车、有轨电车、汽车挂车、排气量超过 150 毫升的摩托车。不在车辆购置税应税范围的车辆不需要缴纳，主要包括地铁、轻轨等城市轨道交通车辆，装载机、平地机、挖掘机、推土机等轮式专用机械车，以及起重机（吊车）、叉车、电动摩托车、排气量 150 毫升（含）以下的摩托车。因此，您公司购买的挖掘机不需要缴纳车辆购置税。

（3）车辆购置税的计算方式

车辆购置税的计算就是根据购买车辆的价格和相关税率计算出需要缴纳的税款金额。计算公式为：

应纳税额 = 计税价格 × 10%

举个例子　如小李购买了一辆小轿车，机动车销售统一发票上"价税合计"为 22.6 万元，"不含税价"为 20 万元，车辆的应税价格为 20 万元，小李需要缴纳的车辆购置税 =20×10%=2（万元）。

（4）车辆购置税的纳税期限和纳税地点

需要办理车辆登记的，向车辆登记地的主管税务机关申报纳税。不需要办理车辆登记的，单位纳税人向其机构所在地的主管税务机关申报纳税，个人纳税人向其户籍所在地或者经常居住地的主管税务机关申报纳税。

车辆购置税的纳税义务发生时间为纳税人购置应税车辆的当日。纳税人应当自纳税义务发生之日起 60 日内申报缴纳车辆购置税。

纳税人应当在向公安机关交通管理部门办理车辆注册登记前，缴纳车辆购置税。

（5）常见的免征车辆购置税的情形

车辆购置税中可以享受免税的情形如图 2-6 所示。如果您有符合条件的，那恭喜您，可以"省钱"啦！

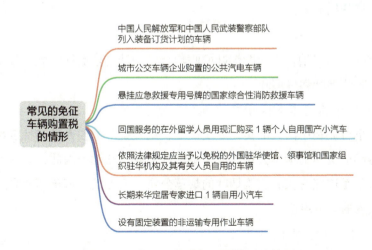

图 2-6　常见的免征车辆购置税的情形

问：现在国家鼓励购买新能源车，那我购买新能源车有什么优惠政策？

答：购置日期在 2024 年 1 月 1 日—2025 年 12 月 31 日期间的新能源汽车免征车辆购置税，同时每辆新能源乘用车免税额不超过 3 万元。购置日期在 2026 年 1 月 1 日—2027 年 12 月 31 日期间的新能源汽车减半征收车辆购置税，同时每辆新能源乘用车减税额不超过 1.5 万元。

假设您在 2024 年购买了一辆新能源乘用车，售价是 30 万元（不含税），车辆购置税税率为 10%，应纳车辆购置税税额为 3 万元（30×10%），按免税政策免税额为 3 万元，未超过 3 万元的免税限额，您无须缴纳车辆购置税；假设您 2024 年购买的新能源乘用车为 50 万元，应纳车辆购置税税额为 5 万元（50×10%），超过免税限额 2 万元，您可享受 3 万元的免税额，还需要缴纳的车辆购置税为 2 万元。

4. 烟叶税

（1）什么是烟叶税

烟叶税是以纳税人收购烟叶的收购金额为计税依据征收的一种税。烟叶包括晾晒烟叶和烤烟叶。

（2）谁需要缴纳烟叶税

烟草行业在中国大陆实行专卖制度，烟叶税的纳税人具有特定性，只有获得相应资质的烟草公司才能从事烟叶的收购活动。因此，烟叶税的纳税人通常是这些有权利收购烟叶的烟草公司，或者是受烟草公司委托进行烟叶收购的其他单位。

（3）烟叶税的税率

烟叶税实行固定的比例税率，税率为 20%。

（4）烟叶税的计算方式

烟叶税的应纳税额按照纳税人收购烟叶实际支付的价款总额乘以税率计算。应纳税额公式为：

应纳税额 = 实际支付的价款总额 × 税率

纳税人收购烟叶实际支付的价款总额包括纳税人支付给烟叶生产销售单位和个人的烟叶收购价款和价外补贴。其中，价外补贴统一按烟叶收购价款的 10% 计算。

（5）烟叶税的纳税义务发生时间及纳税期限

烟叶税的纳税义务发生时间为纳税人收购烟叶的当日。烟叶税按月计征，纳税人应当于纳税义务发生月终了之日起 15 日内申报并缴纳税款。

你问我答小课堂 ···

问：我公司向烟农收购晾晒烟叶用于加工烟丝并于当月全部领用，收购发票注明收购价款 10 万元，实际支付补贴 0.8 万元，我需要缴纳多少的烟叶税？

答：应纳烟叶税税额 = 10 ×（1＋10%）× 20%＝2.2（万元）

5. 城市维护建设税

（1）什么是城市维护建设税

城市维护建设税是一种附加税。一般来说，当企业和个人在经营活动中需要缴纳增值税和消费税时，也需要缴纳城市维护建设税。

（2）谁需要缴纳城市维护建设税

在境内缴纳增值税、消费税的单位和个人同时也是城市维护建设税的纳税人。具体来说，包括国有企业、集体企业、私营企业、股份制企业、其他企业和行政单位、事业单位、军事单位、社会团体、其他单位，以及个体工商户和其他个人等。

◥ 温馨小提示 ◤

如果您是个体工商户，且满足一些免税条件，比如月销售额不超过10万元或者季度销售额不超过30万元（未开具增值税专用发票），就可以免征增值税，同时也可以免征城市维护建设税。

（3）城市维护建设税的税率

城市维护建设税的税率根据您公司所在地的不同而有差异，具体来说，税率分为三个档次，如图2-7所示。

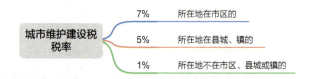

城市维护建设税税率	7%	所在地在市区的
	5%	所在地在县城、镇的
	1%	所在地不在市区、县城或镇的

图2-7　城市维护建设税税率

当然，这个税率并不是固定不变的，可能会根据国家的政策和经济形势予以调整。

◥ 温馨小提示 ◤

如果您公司进行税务迁移，导致行政区划发生变更，可以自变更完成当月起适用新行政区划对应的城市维护建设税税率，在变更完成当月的下一个纳税申报期按新税率申报缴纳。

（4）城市维护建设税的计算方式

城市维护建设税以增值税和消费税为计税依据，计算公式如下：

城市维护建设税＝（增值税＋消费税）× 适用税率

你问我答小课堂 ··

　　问：我们是位于市区的一般纳税人，3月增值税销项税额为100万元，对应的可抵扣的进项税额为40万元，3月收到留抵退税额20万元，那么3月应申报的城市维护建设税如何计算？

　　答：对实行增值税期末留抵退税的纳税人，允许其从城市维护建设税、教育费附加和地方教育附加的计税（征）依据中扣除退还的增值税税额。因此增值税应纳税额＝100－40＝60（万元），扣除退还的留抵退税后的城市维护建设税的计税依据＝60－20＝40（万元），如果不考虑其他的税收优惠，应缴纳的城市维护建设税＝40×7%＝2.8（万元）。

（5）城市维护建设税的申报期限

　　城市维护建设税的纳税义务发生时间与增值税、消费税的纳税义务发生时间是一致的。也就是说，纳税人在缴纳增值税或消费税的同时，应当在同一缴纳地点、同一缴纳期限内，一并缴纳对应的城市维护建设税。

　　如果您公司是按月申报的一般纳税人，则您公司的纳税期限就为1个月；如果您公司是按季申报的小规模纳税人，那么您公司的纳税期限就是1个季度。

　　一般来说，城市维护建设的纳税期限通常为每月或者每季度期满后15日内，在纳税期限内，您公司需要按照规定缴纳城市维护建设税，否则可能会面临滞纳金或者其他处罚。

（6）不征或者免征的情形

　　城市维护建设税中可以享受优惠的情形如图2-8所示。如果您有符合条件的，那恭喜您，可以"省钱"啦！

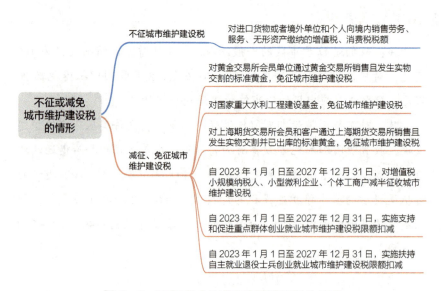

图2-8 不征或减免城市维护建设税的情形

二、所得税

所得税是对企业和个人的法定所得进行征收的税种，其包括企业所得税和个人所得税两类。

1.企业所得税

（1）什么是企业所得税

企业所得税是企业取得生产经营所得和其他所得时需要缴纳的一种税。

具体来说，企业所得税是对企业在一定时期内（通常是1年）通过经营活动所获得的利润进行征税。这一税种旨在对企业经营所得进行合理的分配和调节，同时也是政府财政收入的重要组成部分。

温馨小提示

个人独资企业、合伙企业不适用《中华人民共和国企业所得税法》。个人独资企业投资者、合伙企业个人合伙人缴纳个人所得税。

（2）企业所得税纳税人的划分

企业所得税纳税人的划分，简单来说就是将企业按照一定标准分为不同的类别，以便确定他们在税收上适用不同的税率及优惠等。

具体来说，企业所得税纳税人通常分为两类：居民企业和非居民企业。

居民企业是指依法在中国境内成立，或者依照外国（地区）法律成立但实际管理机构在中国境内的企业。居民企业应当就其来源于中国境内、境外的所得缴纳企业所得税。换句话说，居民企业无论在国内还是国外赚取的利润，都需要向所在国家缴纳企业所得税。居民企业的种类如图2-9所示。

图2-9 居民企业的种类

非居民企业是指依照外国（地区）法律成立且实际管理机构不在中国境内，但在中国境内设立机构、场所的，或者在中国境内未设立机构、场所，但有来源于中国境内所得的企业。非居民企业的种类如图2-10所示。

图2-10 非居民企业的种类

通俗来讲就是没有在中国境内注册成立，但通过设立机构、场所或者进行独立经济活动等方式在该国内取得收入的企业。非居民企业只需要就来源于中国境内的收入缴纳企业所得税。也就是说，非居民企业只对在中国赚取的利润部分缴纳企业所得税，而在其他国家赚取的利润则不需要向中国缴纳企业所得税。

（3）谁需要缴纳企业所得税

在中国境内的企业和其他取得收入的组织需要缴纳企业所得税。

具体来说，区别以下三种情形。

首先，居民企业应当就其来源于中国境内、境外的所得缴纳企业所得税。

你问我答小课堂

问：怎么区别境内、境外所得？

答：假设您公司注册登记地在中国境内，您公司有境内销售货物的收入和来自境外A国甲公司的特许权使用费收入。根据规定：销售货物所得，按照交易活动发生地确定；特许权使用费所得，按照负担、支付所得的企业或者机构、场所所在地确定。取得的销售货物收入就是境内所得，取得的特许权使用费收入就是境外所得。

其次，非居民企业在中国境内设立机构、场所的，应当就其所设机构、场所取得的来源于中国境内的所得，以及发生在中国境外但与其所设机构、场所有实际联系的所得，缴纳企业所得税。

最后，非居民企业在中国境内未设立机构、场所的，或者虽设立机构、场所但取得的所得与其所设机构、场所没有实际联系的，应当就其来源于中国境内的所得缴纳企业所得税。

简单来讲，非居民企业在中国境内是否负有纳税义务主要取决于其是否在中国境内设立了机构或场所，以及其所得是否与这些机构或场所有实际联系。

非居民企业缴纳企业所得税的情形如图2-11所示。

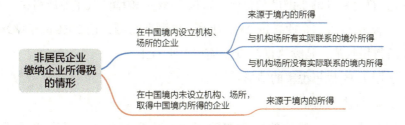

图2-11　非居民企业缴纳企业所得税的情形

（4）企业所得税的税率

企业所得税的基本税率为25%。国家对重点扶持和鼓励发展的产业和项目，给予企业所得税优惠。具体税率如图2-12所示。

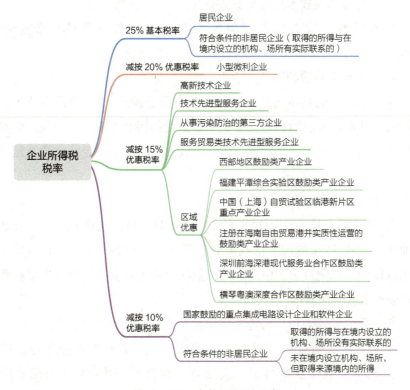

图2-12　企业所得税税率

适用 20% 优惠税率的情形：

① 符合条件的小型微利企业，减按 20% 的税率征收企业所得税。

② 对小型微利企业减按 25% 计算应纳税所得额，按 20% 的税率缴纳企业所得税政策，延续执行至 2027 年 12 月 31 日。

适用 15% 优惠税率的情形：

① 高新技术企业：

国家需要重点扶持的高新技术企业，减按 15% 的税率征收企业所得税。

② 技术先进型服务企业：

对经认定的技术先进型服务企业，减按 15% 的税率征收企业所得税。

③ 服务贸易类技术先进型服务企业：

服务贸易类技术先进型服务企业减按 15% 的税率征收企业所得税。

④ 从事污染防治的第三方企业：

对符合条件的从事污染防治的第三方企业减按 15% 的税率征收企业所得税。从事污染防治的第三方企业是指受排污企业或政府委托，负责环境污染治理设施（包括自动连续监测设施）运营维护的企业。政策延续执行至 2027 年 12 月 31 日。

⑤ 西部地区鼓励类产业企业：

自 2021 年 1 月 1 日至 2030 年 12 月 31 日，对设在西部地区的鼓励类产业企业减按 15% 的税率征收企业所得税。鼓励类产业企业是指以《西部地区鼓励类产业目录》中规定的产业项目为主营业务，且其主营业务收入占企业收入总额 60% 以上的企业。

⑥ 注册在海南自由贸易港并实质性运营的鼓励类产业企业：

对注册在海南自由贸易港并实质性运营的鼓励类产业企业，减按 15% 的税率征收企业所得税。鼓励类产业企业，是指以《海南自由贸易港鼓励类产业目录》中规定的产业项目为主营业务，且其主营业务收入占企业收入总额60%以上的企业。实质性运营，是指企业的实际管理机构设在海南自由贸易港，并对企业生产经营、人员、账务、财产等实施实质性全面管理和控制。对不符合实质性运营的企业，不得享受优惠。

⑦ 中国（上海）自贸试验区临港新片区重点产业企业：

自2020年1月1日起，对新片区内从事集成电路、人工智能、生物医药、民用航空等关键领域核心环节相关产品（技术）业务，并开展实质性生产或研发活动的符合条件的法人企业，自设立之日起5年内减按15%的税率征收企业所得税。

⑧ 福建平潭综合实验区鼓励类产业企业：

福建平潭综合实验区鼓励类产业企业减按15%税率征收企业所得税。

⑨ 深圳前海深港现代服务业合作区鼓励类产业企业：

深圳前海深港现代服务业合作区鼓励类产业企业减按15%税率征收企业所得税。

⑩ 横琴粤澳深度合作区鼓励类产业企业：

横琴粤澳深度合作区鼓励类产业企业减按15%税率征收企业所得税。

适用10%优惠税率的情形：

① 国家鼓励的重点集成电路设计企业和软件企业：

自2020年1月1日起，国家鼓励的重点集成电路设计企业和软件企业，自获利年度起，第一年至第五年免征企业所得税，接续年度减按10%的税率征收企业所得税。国家鼓励的重点集成电路设计和软件企业清单由国家发展改革委、工业和信息化部会同财政部、税务总局等相关部门制定。

② 非居民企业：

非居民企业取得《中华人民共和国企业所得税法》第二十七条第（五）项规定的所得，减按10%的税率征收企业所得税，即非居民企业在中国境内未设立机构、场所的，或者虽设立机构、场所但取得的所得与其所设机构、场所没有实际联系的，应当就其来源于中国境内的所得缴纳企业所得税。

（5）企业所得税计算方式

企业所得税的计算通常是将企业在一定时期内的收入减去成本、费用和损失等支出后的余额作为应纳税所得额，然后按照法定税率计算出应缴纳的税款。这个过程中，企业可以依法享受一定的减免和优惠政策。

企业每一纳税年度的收入总额，减除不征税收入、免税收入、各项扣除以及允许弥补的以前年度亏损后的余额，为应纳税所得额。具体计算方式如下：

应纳税所得额＝收入总额－不征税收入－免税收入－各项扣除金额－允许弥补的以前年度亏损

间接计算法的应纳税所得额计算公式：

应纳税所得额 = 会计利润总额 ± 纳税调整项目金额

应纳税额 = 企业的应纳税所得额 × 适用税率－规定减免税额－规定的抵免税额

纳税调整项目：指会计处理与税法规定不一致需要调整的项目，包括纳税调整增加项目和纳税调整减少项目。

（6）什么是企业所得税不征税收入

企业所得税的不征税收入如图2-13所示。

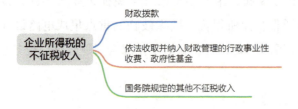

图2-13　企业所得税的不征税收入

　　此外，企业在计算应纳税所得额时，可以从收入总额中减除不征税收入，其相应的支出通常也不得在计算应纳税所得额时扣除。同时，企业需要对这些不征税收入进行单独核算，并且能够提供相关的资金拨付文件和财政部门或其他政府部门的资金管理办法或具体管理要求。

（7）什么是企业所得税免税收入

　　企业所得税免税收入是指企业的某些收入可以免予征税。

　　企业所得税中可以免税的常见情形如图2-14所示。如果您有符合条件的，那恭喜您，可以"省钱"啦！

常见的企业所得税免税收入

企业持有国务院财政部门发行的国债取得的利息收入

居民企业直接投资于其他居民企业取得的股息、红利等权益性投资收益，不包括连续持有居民企业公开发行并上市流通的股票不足12个月取得的投资收益

在中国境内设立机构、场所的非居民企业从居民企业取得与该机构、场所有实际联系的股息、红利等权益性投资收益

符合条件的非营利组织的收入

图2-14　常见的企业所得税免税收入

　　此外，企业所得税免税收入的具体条件和范围需要根据相关税法规定来确定。企业在申报和计算免税收入时，必须遵循相关法律规定，并确保其符合免税条件。了解免税收入的具体规定和计算方法非常重要，这不仅有助于您企业减轻税负，还能确保您企业在法律允许的范围内优化财务管理。同时，您企业应当关注国家对于重点扶持和鼓励产业或项目可能提供的税收优惠政策，以便充分利用这些优惠措施。在享受免税收入的优惠政策时，您企业还需要注意相关的后续管理和报告要求，以确保合规操作。

（8）什么是企业所得税不得扣除的支出

　　在计算企业所得税应纳税所得额时，部分支出是不允许扣除的。常见的不得在企业所得税税前扣除的支出如图2-15所示。

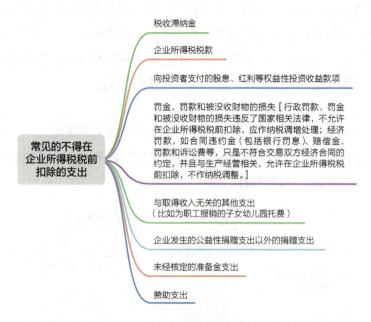

图 2-15 常见的不得在企业所得税税前扣除的支出

此外，还有一些特定的支出在超过规定标准或比例后也不得扣除。例如，职工福利费支出超过工资薪金总额 14% 的部分、职工教育经费支出超过工资薪金总额 8% 的部分等都不得在企业所得税税前扣除。

您企业在进行纳税申报时，需要特别注意这些不得扣除的支出项目，以确保税务申报的准确性和合规性。违反这些规定，可能导致企业需要支付额外的税款，以及面临税务处罚。因此，企业在进行财务和税务管理时，应当遵循相关法律法规，合理安排支出，以合法有效地降低税负。同时，企业还需要关注税法的最新变化和相关优惠政策，以便更好地利用税收优惠，促进企业可持续发展。

（9）企业所得税申报期限

企业所得税分月或分季预缴，次年的 5 月底前需要办理年度汇算清缴。

2.个人所得税

（1）什么是个人所得税

如果您收到了单位发的工资，或者您出版了一本书，又或者您买彩票中了奖，就会涉及个人所得税。个人所得税是对您个人（包括个体工商户个人独资企业投资人、合伙企业的个人合伙人、承包承租人）取得的收入征收的一种税。

▷◁ 温馨小提示 ▷◁

个人所得的形式，包括您取得的现金、实物、有价证券和其他形式的经济利益。

（2）个人所得税的纳税义务人

个人所得税的纳税义务人分为居民个人和非居民个人。个人所得税的纳税义务人如图2-16所示。

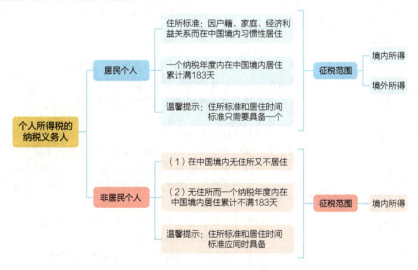

图2-16 个人所得税的纳税义务人

（3）个人所得税税目与税率

个人所得税的征税项目包括综合所得（工资、薪金所得，劳务报酬所得，稿酬所得，特许权使用费所得）、经营所得及分类所得（利息、股息、红利所得，财产租赁所得，财产转让所得，偶然所得）。个人所得税税目见表2-3。

表2-3 个人所得税税目

征税项目		具体内容
综合所得	工资、薪金	是指个人因任职或者受雇取得的工资、薪金、奖金、年终加薪、劳动分红、津贴、补贴以及与任职或者受雇有关的其他所得
	劳务报酬所得	是指个人从事劳务取得的所得，包括从事设计、装潢、安装、制图、化验、测试、医疗、法律、会计、咨询、讲学、翻译、审稿、书画、雕刻、影视、录音、录像、演出、表演、广告、展览、技术服务、介绍服务、经纪服务、代办服务以及其他劳务取得的所得
	稿酬所得	是指个人因其作品以图书、报刊等形式出版、发表而取得的所得
	特许权使用费所得	是指个人提供专利权、商标权、著作权、非专利技术以及其他特许权的使用权取得的所得，提供著作权的使用权取得的所得，不包括稿酬所得
	经营所得	1. 个体工商户从事生产、经营活动取得的所得，个人独资企业投资人、合伙企业的个人合伙人来源于境内注册的个人独资企业、合伙企业生产、经营的所得； 2. 个人依法从事办学、医疗、咨询以及其他有偿服务活动取得的所得； 3. 个人对企业、事业单位承包经营、承租经营以及转包、转租取得的所得； 4. 个人从事其他生产、经营活动取得的所得

续表

征税项目		具体内容
分类所得	利息、股息、红利	是指个人拥有债权、股权等而取得的利息、股息、红利所得
	财产租赁所得	是指个人出租不动产、机器设备、车船以及其他财产取得的所得
	财产转让所得	是指个人转让有价证券、股权、合伙企业中的财产份额、不动产、机器设备、车船以及其他财产取得的所得
	偶然所得	是指个人得奖、中奖、中彩以及其他偶然性质的所得

举个例子 比如您公司向与您公司有雇佣关系的员工支付工资，该员工取得的工资收入需要按工资、薪金所得缴纳个人所得税；

又如您公司因为业务激增新招员工，需要找一名讲师为新员工进行培训，该名讲师与您公司没有雇佣关系，讲师取得的报酬需要按劳务报酬所得缴纳个人所得税；再如您是公司的法定代表人也是公司股东，您在取得分红时需要按利息、股息、红利所得缴纳个人所得税。具体适用税目是根据实际业务确定的。个人所得税税率如图2-17所示。

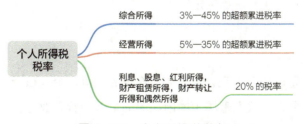

图2-17 个人所得税税率

（4）个人所得税如何计算

① 综合所得

综合所得预扣预缴，就是根据您当年累计赚的钱，扣除各种累计免税收入、减除费用等，然后按照一定的税率计算出每月您应该预缴的税额。

综合所得汇算清缴，就是在取得收入的次年 3 月 1 日至 6 月 30 日对您的上年整体收入进行一次全面的税务核算，计算出您应该退还或补缴的税款。

你问我答小课堂

问：我公司在支付工资或者报酬时，需要履行什么义务吗？

答：如您公司有支付员工的工资、无雇佣关系临时工的报酬，您公司就是扣缴义务人，需要为员工、临时工进行代扣代缴。您公司员工、无雇佣关系的临时工在次年需要办理综合所得汇算，您公司作为扣缴义务人需要培训、辅导员工办理汇算清缴或接受员工的代办要求为员工办理汇算清缴。

你问我答小课堂

问：我公司依法履行代扣代缴义务，有什么奖励吗？

答：您公司可以在次年的 3 月 31 日前就上一年度（自然月 1—12 月）代扣代缴的税款申请给付 2% 的手续费。领取的扣缴手续费可用于提升办税能力、奖励办税人员。

② 经营所得

个体工商户从事生产、经营活动取得的所得，个人独资企业投资人、合伙企业的个人合伙人来源于境内注册的个人独资企业、合伙企业生产、经营的所得；个人依法从事办学、医疗、咨询以及其他有偿服务活动取得的所得；个人对企业、事业单位承包经营、承租经营以及转包、转租取得的所得；个人从事其他生产、经营活动取得的所得，都属于经营所得。经营所得以每一纳税年度的收入总额减除成本、费用以及损失后的余额为应纳税所得额，适用 5%—35% 的超额累进税率。

温馨小提示

纳税人需要在取得经营所得的次年 3 月 31 日前办理个人所得税经营所得汇算清缴。

③ 分类所得

A. 利息、股息、红利所得

如果您取得的是利息、股息、红利所得，应以每次取得的收入额为应纳税所得额计算纳税，不得扣除任何减除费用。

你问我答小课堂

问：个人独资企业和合伙企业对外投资分回的分红怎么缴纳个人所得税？

答：个人独资企业和合伙企业对外投资分回的利息或者股息、红利，不并入企业的收入，而应单独作为投资者个人取得的利息、股息、红利所得，按"利息、股息、红利所得"应税项目计算缴纳个人所得税。

B. 财产转让所得

如果您转让财产，应当按照财产转让所得缴纳个人所得税，以一次转让财产的收入额减除财产原值和合理费用后的余额为应纳税所得额计算纳税。

拓展延伸

如果您有股权转让业务，需要按照财产转让所得缴纳个人所得税。股权转让是指个人将股权转让给其他个人或法人的行为，股权转让收入是指转让方因股权转让而获得的现金、实物、有价证券和其他形式的经济利益。转让方取得与股权转让相关的各种款项，包括违约金、补偿金以及其他名目的款项、资产、权益等，均应当并入股权转让收入。

C.财产租赁所得

如果您出租财产取得了财产租赁收入，应依次扣除您在财产租赁过程中缴纳的税金、教育费附加等，以及由您实际负担的与该出租财产有关的修缮费用后作为应纳税所得额计算纳税。

D.偶然所得

如果您买彩票中了奖，按照偶然所得以您每次取得的收入额为应纳税所得额计算纳税。除特殊规定外，偶然所得不扣除任何费用，以每次取得的该项收入为一次。

（5）个人所得税减免税情形

个人所得税中可以享受免税的情形如图2-18所示。如果您有符合条件的，那恭喜您，可以"省钱"啦！

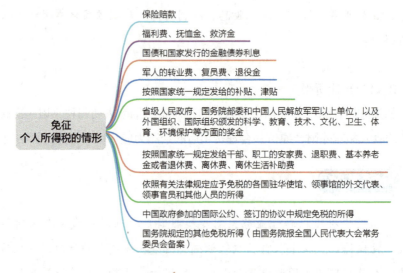

图2-18　免征个人所得税的情形

个人所得税中可以享受减征税款的情形如图2-19所示。

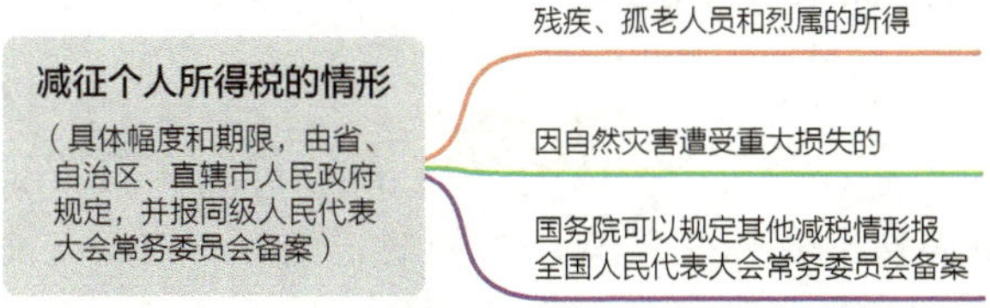

减征个人所得税的情形
（具体幅度和期限，由省、自治区、直辖市人民政府规定，并报同级人民代表大会常务委员会备案）

残疾、孤老人员和烈属的所得

因自然灾害遭受重大损失的

国务院可以规定其他减税情形报全国人民代表大会常务委员会备案

图2-19 减征个人所得税的情形

（6）个人所得税的申报期限

如果您是居民个人，取得综合所得，应以每一纳税年度计算个人所得税；有扣缴义务人的，由扣缴义务人按月或者按次预扣预缴税款；需要办理汇算清缴的，应当在取得所得的次年3月1日至6月30日内办理汇算清缴。

如果您是非居民个人，取得工资、薪金所得，劳务报酬所得，稿酬所得和特许权使用费所得，有扣缴义务人的，由扣缴义务人按月或者按次代扣代缴税款，不办理汇算清缴。

如果您取得经营所得，按年计算个人所得税。您需要在月度或者季度终了后15日内向税务机关报送纳税申报表，并预缴税款；在取得所得的次年3月31日前办理汇算清缴。

如果您取得利息、股息、红利所得，财产租赁所得，财产转让所得和偶然所得，按月或者按次计算个人所得税，有扣缴义务人的，由扣缴义务人按月或者按次代扣代缴税款。

三、财产与行为税

1. 房产税

（1）什么是房产税

房产税是以房屋为征税对象。所谓的房屋就是有屋面和围护结构（有墙或两边有柱），能够遮风避雨，可以在里面进行生产、经营、工作、学习、娱乐、居住或储藏物资等。

（2）谁需要缴纳房产税

　　房产税以房屋为征税对象，对构成房屋的财产征收房产税。这意味着拥有房屋产权的个人或单位需要按规定缴纳房产税。此外，产权属于全民所有的，由经营管理的单位缴纳。产权出典的，由承典人缴纳。产权所有人、承典人不在房产所在地的，或者产权未确定及租典纠纷未解决的，由房产代管人或者使用人缴纳。

　　作为财务负责人，您一定要清楚您公司的房子是否属于这些范围内，因为这关系到您公司是否需要缴纳房产税。如果您公司的房子在征税范围内，那您公司就需要缴纳房产税了。当然如果您公司的房子在农村，那这种情况一般是不需要缴纳房产税的。

（3）房产税的税率

　　总的来说，了解房产税的税率对于房产所有者来说非常重要，因为这直接关系到您公司的财务负担。房产税的税率根据房产的使用情况和收益情况采用比例税率，不同的情况适用的税率也会有所不同。

　　具体的房产税税率如图2-20所示。

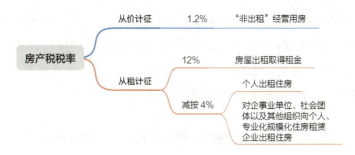

图2-20 房产税税率

（4）房产税的计算方式

房产税的计算方式主要有两种，分别是从价计征和从租计征。通常情况下，如果您公司的房屋是自用的，可以依照房产原值一次减除10%至30%后的余值计算缴纳，具体减除幅度，由省、自治区、直辖市人民政府规定。适用1.2%的税率；如果是将房屋用于出租的，可以依照房产租金收入从租计算缴纳，适用12%或4%的税率。

你问我答小课堂

问：我们公司购买了3层位于A市市区的写字楼，房屋价值1000万元，如果全部自用，每年需要缴纳多少房产税呢？后来公司经济效益不好，将房子以一年50万元的租金全部出租出去了，需要缴纳多少的房产税呢？当地规定房产税一次减除比例为30%。（不考虑特殊情形的优惠）

答：从价计征的情形下，房产税的应纳税额＝应税房产原值×（1-30%）×1.2%，也就是说如果您公司是自用的话，应纳房产税税额＝1000×（1-30%）×1.2%=8.4（万元）。

从租计征的情形下，房产税的应纳税额＝租金收入×12%。因此您公司将房子租出去的话，就不需要再缴纳从价计征的房产税了，此时房产税按照租金收入计算，应纳房产税税额=50×12%=6（万元）。

（5）房产税的纳税义务发生时间及纳税期限

房产税的纳税义务发生时间及纳税期限关乎您公司需要从什么时间开始缴纳房产税和最晚缴纳房产税的时间，如果您逾期申报和缴纳房产税，可能会对您公司造成一定的影响。

房产税的纳税义务发生时间如图 2-21 所示。

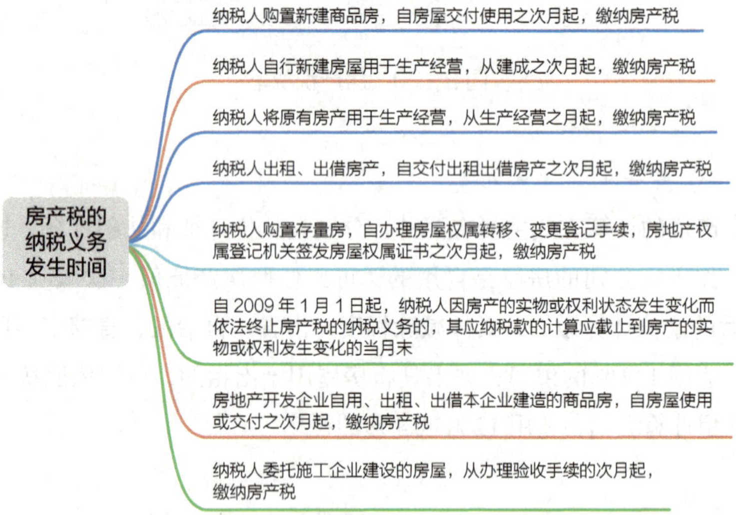

图 2-21　房产税的纳税义务发生时间

房产税纳税期限按年征收、分期缴纳。纳税期限由省、自治区、直辖市人民政府规定。常见的纳税期限一般为按季度或者每半年缴纳一次。个人出租房屋，可按次缴纳。只要您在规定的时限内缴纳了房产税，就不会对您公司产生不良的影响，所以一定要按时申报呀。

（6）常见的免征房产税的情形

房产税中可以享受免税的情形如图 2-22 所示。如果您有符合条件的，那恭喜您，可以"省钱"啦！

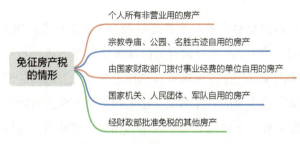

图 2-22　免征房产税的情形

2. 契税

（1）什么是契税

契税是指不动产（土地、房屋）产权发生转移变动，比如政府土地管理部门将土地出让给您公司、其他单位将房屋转让给您公司，作为新业主（产权承受人）需要按照一定比例一次性缴纳契税。

（2）谁需要缴纳契税

契税的征收是为了保障不动产所有人的合法权益，通过征收契税进而办理不动产权证明作为合法的产权凭证，从而保证产权归您公司所有。在实际经营过程中，一般情况下是由购买方承担契税。如果别的公司以作价投资（入股）、偿还债务、奖励等方式将土地、房屋的权属转移给您公司，那么您公司也属于契税的纳税义务人。契税的纳税人见表 2-4。

表 2-4　　　　　　　　　契税的纳税人

取得方式	纳税人
土地使用权出让	承受人
土地使用权出售	买方
房屋买卖	买方
土地使用权赠与、房屋赠与	受赠方
房屋互换、土地使用权互换	差价支付方

（3）契税的税率

契税是房地产交易中的一个重要税种，其税率标准由国家设定3%—5%的幅度范围，然后由地方政府根据具体情况进行进一步规定。因此契税税率的具体数额取决于多种因素，总体上包括地方政府的政策、房产和土地的类型以及购房者的具体情况。您公司如果有购置房产和土地的需求时，您需要先了解一下当地的契税税率和相关优惠政策，这样可以更准确地节约您公司的购房成本。

（4）契税的计算方式

需要缴纳的契税 = 计税依据 × 适用税率

如果发生了土地和房屋权属的转移，又不存在免征契税的特殊情形，您公司作为购买方是需要缴纳契税的。根据取得方式的不同，契税适用的计税依据也有所不同。契税的计税依据见表2-5。

表2-5　　　　　　　　　　契税的计税依据

取得方式	计税依据
土地使用权出让	权属转移合同确定的成交价格
土地使用权出售	权属转移合同确定的成交价格
房屋买卖	权属转移合同确定的成交价格
土地使用权赠与、房屋赠与	参照出售市场价核定
房屋互换、土地使用权互换	等价互换，计税依据为零；不等价交换，计税依据为差额
计征契税的成交价格不含增值税。免征增值税的，确定计税依据时，成交价格、租金收入、转让房地产取得的收入不扣减增值税税额	

温馨小提示

如果您公司通过出让方式取得土地使用权，契税计税依据应包括土地出让金、土地补偿费、安置补助费、地上附着物和青苗补偿费、征收补偿费、城市基础设施配套费、实物配建房屋等。

你问我答小课堂 ·······························

问：我们和甲公司互换房屋，交换价格都是 200 万元，需要缴纳契税吗？如果我们的房屋价值是 300 万元，甲公司的房屋价值是 350 万元，我们公司另支付了 50 万元的现金，这种情况需要怎么缴纳契税？

答：第一种情形，交换价格是 200 万元，属于双方的交换价格相等的情形，可以免征契税。

第二种情形，您公司另支付了 50 万元的现金，属于交换价格不相等，这种情形需要由多支付经济利益的一方缴纳契税，也就是您公司应以 50 万元的差额为计税依据缴纳契税。

（5）契税的纳税义务发生时间及纳税期限

当您公司签订了土地、房屋权属转移合同，您公司的纳税义务也就发生了。您可以在办理土地、房屋权属登记手续前申报缴纳契税。契税的纳税义务发生时间见表 2-6。

表 2-6　　　　　　　　契税的纳税义务发生时间

具体情形	纳税义务发生时间
因人民法院、仲裁委员会的生效法律文书或者监察机关出具的监察文书等发生土地、房屋权属转移	为法律文书等生效当日
因改变土地、房屋用途等情形应当缴纳已经减征、免征契税的	为改变有关土地、房屋用途等情形的当日
因改变土地性质、容积率等土地使用条件需补缴土地出让价款，应当缴纳契税的	为改变土地使用条件当日
发生上述情形，按规定不再需要办理土地、房屋权属登记的，纳税人应自纳税义务发生之日起 90 日内申报缴纳契税	

（6）常见的免征契税的情形

契税中可以享受免税的情形如图 2-23 所示。如果您有符合条件的，那恭喜您，可以"省钱"啦！

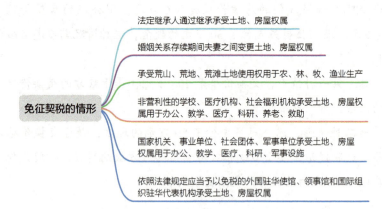

图 2-23　免征契税的情形

3. 城镇土地使用税

（1）什么是城镇土地使用税

城镇土地使用税属于财产税。目的是合理利用城镇土地，调节土地级差收入，提高土地使用效益，并加强土地管理。

（2）谁需要缴纳城镇土地使用税

如果您公司使用的土地位于城市、县城、建制镇、工矿区征税范围内，应当按照有关规定缴纳城镇土地使用税。即在税法规定范围内，拥有土地使用权的单位和个人是城镇土地使用税的纳税人。

▼ 温馨小提示 ▼

如果您公司拥有土地使用权，但是您公司并不在土地所在地，那么土地的实际使用人和代管人将成为城镇土地使用税的纳税人。

（3）城镇土地使用税的计算方式

如果您公司的土地在开征范围内，需要以实际占用的土地面积为计税依据，按照您公司所在地政府规定的税额标准缴纳城镇土地使用税。

需要缴纳的城镇土地使用税可以按照公式计算：

应纳税额 = 实际占用的土地面积 × 单位税额

城镇土地使用税每平方米土地年税额标准见表2-7。

表2-7　　　　　城镇土地使用税每平方米土地年税额标准

征收范围	税额标准
大城市	1.5元至30元
中等城市	1.2元至24元
小城市	0.9元至18元
县城、建制镇、工矿区	0.6元至12元

如果您公司位于经济发达地区，城镇土地使用税的适用税额标准可以适当提高。如果位于经济落后地区，经省级人民政府批准，可以在不超过最低税额标准30%的范围内适当降低。

▼ 温馨小提示 ◢

如果政府机关等免税单位无偿使用您公司的土地，可以免征城镇土地使用税。

共同使用多层建筑的，您公司可按占用的建筑面积占建筑总面积的比例计征城镇土地使用税。

如果您个人名下有自用的居住房屋及院落用地，可以暂免征收城镇土地使用税。

你问我答小课堂 ···

　　问：我公司为小规模纳税人，占地面积2000平方米，公司所在的区域属于一级土地，性质为一般用地，税额为每平方米15元，我公司2024年全年应缴纳的城镇土地税是多少？

　　答：根据规定，您公司可以享受"六税两费"减半优惠政策。因此您公司2024年需要缴纳的城镇土地使用税＝2000×15×50%＝15000（元）。

（4）城镇土地使用税的纳税期限

　　城镇土地使用税的纳税期限一般是按年计算、分期缴纳，具体的缴纳期限会根据当地的规定和您公司的具体情况而定，不同地区的纳税期限可能会有所不同，有些地方可能会要求纳税人按月或按季缴纳。

　　纳税义务发生时间直接决定了何时申报，而城镇土地使用税的纳税义务发生时间，根据实际的房屋使用情况也有所不同，详见图2-24。

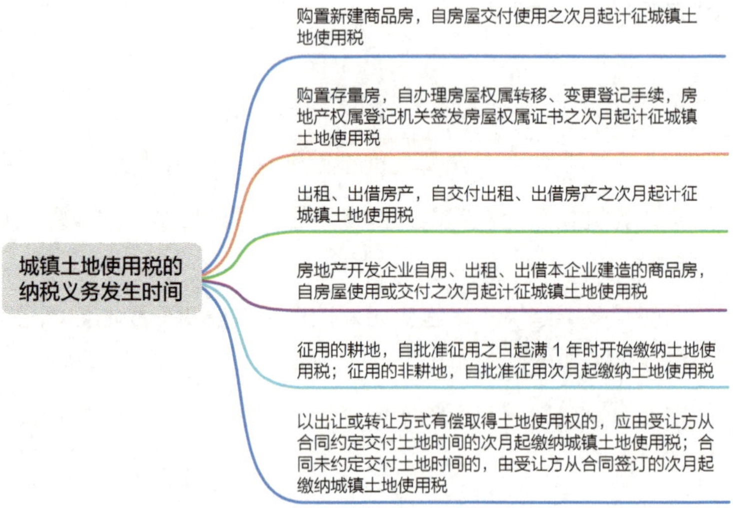

城镇土地使用税的纳税义务发生时间

- 购置新建商品房，自房屋交付使用之次月起计征城镇土地使用税
- 购置存量房，自办理房屋权属转移、变更登记手续，房地产权属登记机关签发房屋权属证书之次月起计征城镇土地使用税
- 出租、出借房产，自交付出租、出借房产之次月起计征城镇土地使用税
- 房地产开发企业自用、出租、出借本企业建造的商品房，自房屋使用或交付之次月起计征城镇土地使用税
- 征用的耕地，自批准征用之日起满1年时开始缴纳土地使用税；征用的非耕地，自批准征用次月起缴纳土地使用税
- 以出让或转让方式有偿取得土地使用权的，应由受让方从合同约定交付土地时间的次月起缴纳城镇土地使用税；合同未约定交付土地时间的，由受让方从合同签订的次月起缴纳城镇土地使用税

图2-24　城镇土地使用税的纳税义务发生时间

（5）免征城镇土地使用税的情形

城镇土地使用税中可以享受免税的情形如图2-25所示。如果您有符合条件的，那恭喜您，可以"省钱"啦！

免征城镇土地使用税的情形

- 国家机关、人民团体、军队自用的土地
- 宗教寺庙、公园、名胜古迹自用的土地
- 市政街道、广场、绿化地带等公共用地
- 直接用于农、林、牧、渔业的生产用地
- 由国家财政部门拨付事业经费的单位自用的土地
- 经批准开山填海整治的土地和改造的废弃土地，从使用的月份起免缴土地使用税5年至10年
- 由财政部另行规定免税的能源、交通、水利设施用地和其他用地

图2-25　免征城镇土地使用税的情形

4.资源税

（1）什么是资源税

资源税是一种特殊的税种，资源税的纳税人是指在中华人民共和国领域和中华人民共和国其他海域开发应税资源的单位和个人。简单来说，资源税就是国家对于那些开采境内自然资源的单位和个人征收的一种税。

（2）谁需要缴纳资源税

在我国境内以及我国管辖范围的其他海域开发应税资源的单位和个人都需要缴纳资源税。

应税资源可分为能源矿产、金属矿产、非金属矿产、水气矿产、盐等5大类164个税目。

中外合作开采陆上、海上石油资源的企业应依法缴纳资源税。

构成资源税纳税人的条件如图2-26所示。

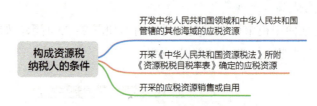

图2-26　构成资源税纳税人的条件

（3）资源税的税目税率

资源税的税目、税率，依照《资源税税目税率表》（见表2-8）执行。其税率受资源品位、开采条件、生态环境等诸多因素影响。

表2-8　　　　　　　　　　　资源税税目税率表

税目		征税对象	税率
能源矿产	原油	原矿	6%
	天然气、页岩气、天然气水合物	原矿	6%
	煤	原矿或者选矿	2%—10%
	煤成（层）气	原矿	1%—2%
	铀、钍	原矿	4%
	油页岩、油砂、天然沥青、石煤	原矿或者选矿	1%—4%
	地热	原矿	1%—20% 或者每立方米 1—30 元
金属矿产	黑色金属 铁、锰、铬、钒、钛	原矿或者选矿	1%—9%
	有色金属 铜、铅、锌、锡、镍、锑、镁、钴、铋、汞	原矿或者选矿	2%—10%
	铝土矿	原矿或者选矿	2%—9%
	钨	选矿	6.5%
	钼	选矿	8%

续表

		税目	征税对象	税率
金属矿产	有色金属	金、银	原矿或者选矿	2%—6%
		铂、钯、钌、锇、铱、铑	原矿或者选矿	5%—10%
		轻稀土	选矿	7%—12%
		中重稀土	选矿	20%
		铍、锂、锆、锶、铷、铯、铌、钽、锗、镓、铟、铊、铪、铼、镉、硒、碲	原矿或者选矿	2%—10%
非金属矿产	矿物类	高岭土	原矿或者选矿	1%—6%
		石灰岩	原矿或者选矿	1%—6%或者每吨（或者每立方米）1—10元
		磷	原矿或者选矿	3%—8%
		石墨	原矿或者选矿	3%—12%
		萤石、硫铁矿、自然硫	原矿或者选矿	1%—8%
		天然石英砂、脉石英、粉石英、水晶、工业用金刚石、冰洲石、蓝晶石、硅线石（矽线石）、长石、滑石、刚玉、菱镁矿、颜料矿物、天然碱、芒硝、钠硝石、明矾石、砷、硼、碘、溴、膨润土、硅藻土、陶瓷土、耐火粘土、铁矾土、凹凸棒石粘土、海泡石粘土、伊利石粘土、累托石粘土	原矿或者选矿	1%—12%
		叶蜡石、硅灰石、透辉石、珍珠岩、云母、沸石、重晶石、毒重石、方解石、蛭石、透闪石、工业用电气石、白垩、石棉、蓝石棉、红柱石、石榴子石、石膏	原矿或者选矿	2%—12%

续表

税目			征税对象	税率
非金属矿产	矿物类	其他粘土（铸型用粘土、砖瓦用粘土、陶粒用粘土、水泥配料用粘土、水泥配料用红土、水泥配料用黄土、水泥配料用泥岩、保温材料用粘土）	原矿或者选矿	1%—5%或者每吨（或者每立方米）0.1—5元
	岩石类	大理岩、花岗岩、白云岩、石英岩、砂岩、辉绿岩、安山岩、闪长岩、板岩、玄武岩、片麻岩、角闪岩、页岩、浮石、凝灰岩、黑曜岩、霞石正长岩、蛇纹岩、麦饭石、泥灰岩、含钾岩石、含钾砂页岩、天然油石、橄榄岩、松脂岩、粗面岩、辉长岩、辉石岩、正长岩、火山灰、火山渣、泥炭	原矿或者选矿	1%—10%
		砂石	原矿或者选矿	1%—5%或者每吨（或者每立方米）0.1—5元
	宝玉石类	宝石、玉石、宝石级金刚石、玛瑙、黄玉、碧玺	原矿或者选矿	4%—20%
水气矿产	二氧化碳气、硫化氢气、氦气、氡气		原矿	2%—5%
	矿泉水		原矿	1%—20%或者每立方米1—30元
盐	钠盐、钾盐、镁盐、锂盐		选矿	3%—15%
	天然卤水		原矿	3%—15%或者每吨（或者每立方米）1—10元
	海盐		—	2%—5%

（4）资源税的计算方式

资源税实行从价计征或者从量计征。

实行从价计征的应税资源产品：

应纳税额＝销售额 × 适用的比例税率

实行从量计征的应税资源产品：

应纳税额＝销售数量 × 适用的定额税率

（5）资源税的纳税期限

如果是销售资源税应税产品，纳税义务发生时间为收讫销售款或者取得索取销售款凭据的当日；如果是资源税产品自用的，纳税义务发生时间为移送应税产品的当日。

资源税的纳税期限取决于您的申报缴纳方式，如果您按月或者按季申报缴纳，应当自月度或者季度终了之日起 15 日内，向税务机关办理纳税申报并缴纳税款。

如果您不能按固定期限计算缴纳的，可以按次申报缴纳。按次申报缴纳的，应当自纳税义务发生之日起 15 日内，向税务机关办理纳税申报并缴纳税款。

你问我答小课堂 ....

问：我的企业开采多种应税产品，有煤、砂石，还有天然气，它们属于不同的税目，该如何缴纳资源税呢？

答：您的企业开采或者生产不同税目应税产品的，应当分别核算不同税目应税产品的销售额或者销售数量；未分别核算或者不能准确提供不同税目应税产品的销售额或者销售数量的，从高适用税率。

如果您的企业开采或者生产应税产品自用的，应当依照规定缴纳资源税；但是，自用于连续生产应税产品的，不缴纳资源税。

拓展延伸

可能纳税人朋友会有疑问，什么才算是自用应税产品呢？

自用应税产品应当缴纳资源税的情形，包括以应税产品用于非货币性资产交换、捐赠、偿债、赞助、集资、投资、广告、样品、职工福利、利润分配或者连续生产非应税产品等。

温馨小提示

享受免税、减税项目，应当单独核算各类项目的销售额或者销售数量；如果您未单独核算或者不能准确提供销售额或者销售数量的，是不可以享受免税或者减税的。

（6）常见的减免资源税的情形

资源税中可以享受免税的情形如图2-27所示。如果您有符合条件的，那恭喜您，可以"省钱"啦！

图2-27　免征、减征资源税的情形

（7）常见的不征收水资源税的情形（如图2-28所示）

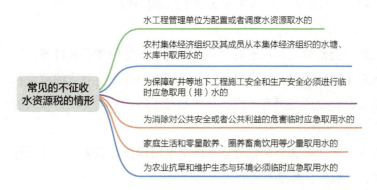

常见的不征收水资源税的情形

水工程管理单位为配置或者调度水资源取水的

农村集体经济组织及其成员从本集体经济组织的水塘、水库中取用水的

为保障矿井等地下工程施工安全和生产安全必须进行临时应急取用（排）水的

为消除对公共安全或者公共利益的危害临时应急取用水的

家庭生活和零星散养、圈养畜禽饮用等少量取用水的

为农业抗旱和维护生态与环境必须临时应急取用水的

图2-28　常见的不征收水资源税的情形

（8）常见的免征水资源税的情形

水资源税中可以享受免税的情形如图2-29所示。如果您有符合条件的，那恭喜您，可以"省钱"啦！

免征水资源税的情形

受县级以上人民政府及有关部门委托进行国土绿化、地下水回灌、河湖生态补水等生态取用水

规定限额内的农业生产取用水

除接入城镇公共供水管网以外，军队、武警部队、国家综合性消防救援队伍通过其他方式取用水

采油（气）排水经分离净化后在封闭管道回注的

抽水蓄能发电取用水

财政部、税务总局规定的其他免征水资源税情形

图2-29　免征水资源税的情形

5.土地增值税

（1）什么是土地增值税

无论您公司是房地产开发企业还是非房地产开发企业，转让的是已建成或在建房屋还是未进行任何形式的开发或进行了实质性的土地整理、开发的土地，您公司需要按照规定缴纳土地增值税。总体上说，单位和个人

如果是有偿转让国有土地使用权、地上建筑物和其他附着物产权而取得增值收入的，一般情况下都是需要缴纳土地增值税的。

（2）谁需要缴纳土地增值税

土地增值税的核心在于对房地产交易中产生的增值额进行征税，因此转让国有土地使用权、地上建筑物及其附着物并取得收入的单位和个人，无论是私营企业还是国有单位，只要参与了转让活动并取得收入的，就需要缴纳土地增值税。

换言之，如果您公司仅转让集体土地使用权或者未发生转让行为以及未取得收入的转让都是不征收土地增值税的。

▼ 温馨小提示 ▼

有偿转让不包括以继承、赠与方式等无偿转让的行为。如果您公司符合无偿转让房屋和土地给其他单位的规定，则不属于土地增值税的征税范围，不需要缴纳土地增值税。

（3）土地增值税的税率

土地增值税税率采用四级超率累进税率，具体的税率取决于增值额与扣除项目金额的比例。税率随着增值额与扣除项目金额的比率（即增值率）的提高而逐级提高，最低税率为30%，最高税率为60%。土地增值税税率见表2-9。

表2-9　　　　　　　　　土地增值税税率

级次	增值额占扣除项目金额比例	税率	速算扣除系数
1	50%以下（含50%）	30%	0
2	50%—100%（含100%）	40%	5%
3	100%—200%（含200%）	50%	15%
4	200%以上	60%	35%

（4）土地增值税的计算方式

通常情况下，土地增值税的计算方法涉及多个步骤，包括确定收入、扣除项目金额、增值额、增值率以及最终的税额计算。如果您公司需要缴纳土地增值税，可以按照转让取得的收入减除扣除项目金额后的余额为增值额，根据适用的税率和速算扣除数计算需要缴纳的土地增值税。计算公式为：

应纳税额 = 增值额 × 税率 – 扣除项目金额 × 速算扣除系数

在计算土地增值税时，您公司可能会涉及的扣除项目如图 2–30 所示。

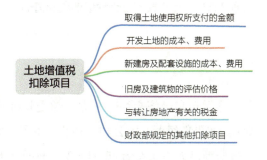

图 2-30　土地增值税扣除项目

（5）土地增值税的纳税义务发生时间及纳税期限

一般情况下，土地增值税的纳税义务发生时间为您公司转让房地产合同签订之日，您应当自转让合同签订之日起 7 日内向不动产所在地主管税务机关办理纳税申报，并在税务机关核定的期限内缴纳土地增值税。税务机关核定的纳税期限，应在纳税人签订房地产转让合同之后、办理房地产权属转让（即过户及登记）手续之前。

（6）常见的免征或不征土地增值税的情形

土地增值税中不征或可以享受免税的情形如图 2–31 所示。如果您有符合条件的，那恭喜您，可以"省钱"啦！

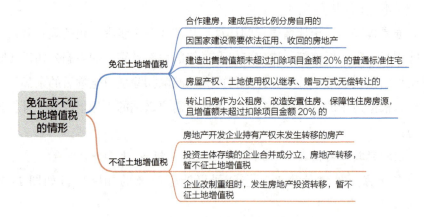

图 2-31　免征或不征土地增值税的情形

6.印花税

（1）什么是印花税

印花税是对在经济活动和经济交往中书立、领受具有法律效力的凭证行为所征收的一种税。如果您经营一家公司，必然少不了一些文件的往来，比如合同、账簿、书据等，如果这些合同、账簿、书据属于印花税法所称的应税凭证，是需要缴纳印花税的。印花税可以采用粘贴印花税票或者由税务机关依法开具其他完税凭证的方式缴纳。印花税票粘贴在应税凭证上的，由纳税人在每枚税票的骑缝处盖戳注销或者画销。印花税票由国务院税务主管部门监制。因此印花税实质上是一种行为税，在经济活动和经济交往中书立、领受具有法律效力的应税凭证、进行证券交易活动等情形都可能会涉及印花税。

（2）谁需要缴纳印花税

了解印花税的纳税人可以帮助企业规避因不了解税法而产生的税务风险。一般来说，对于合同或其他需要缴纳印花税的凭据，签订合同的各方主体都是印花税纳税人，需要分别就自己的那一部分缴纳印花税。因此，您首先要清楚您公司是否是需要缴纳印花税。印花税的纳税人如图 2-32所示。

图 2-32　印花税的纳税人

（3）印花税的税率

印花税与其他税种相比较，税率要低得多，税负较轻，总体上包括应税凭证和证券交易。如果您公司发生的有《印花税税目税率表》列明的 17 个税目（如图 2-33 所示），一般来说是需要缴纳印花税的，未列入税目的不征印花税。

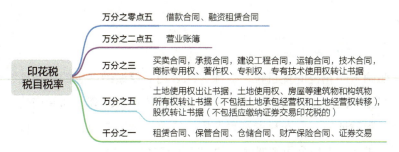

图 2-33　印花税税目税率

比如您公司与 A 企业签订了厂房和土地使用权的租赁合同以进一步扩大生产规模。随着订单的增多，您公司继续购买大量的原材料投入生产，于是又和材料供应商签订了多份买卖合同，但是由于企业现金流减少、资金周转困难，所以又与银行签订了一份借款合同。有了资金和材料的加持，公司开足马力迅速开展生产，并将产成品由 B 公司进行保管，之后统一由 C 企业运输到 D 企业所在地。企业在正常生产经营过程中，有时会涉及多笔需要缴纳印花税的合同，比如前述的租赁合同、买卖合同、借款合同、保管合同、运输合同等，因此需要根据您公司的实际情况，并结合《印花税税目税率表》确定需要按照什么税目缴纳印花税以及税率是多少。

温馨小提示

有一些合同不属于印花税征税范围，比如：企业与监理公司签订的工程监理合同、土地环境评估合同、环境影响评价合同、保安服务、保洁服务、电信服务、旅游合同、建筑图纸审查合同、污水处理合同、体检合同、会议费合同、不动产权登记证等，这些都是不需要缴纳印花税的。

如果您公司是个体工商户，与其他公司签订的动产买卖合同不属于印花税的征税范围，双方都是不需要缴纳印花税的。

（4）印花税的计算方式

明确了印花税的税目税率，那么您公司需要缴纳多少的印花税，这就需要根据不同的税目适用不同的税率和计税依据来计算。如果您公司签订的合同和凭证属于印花税的征税范围，需要缴纳印花税，那么您可以根据下列公式计算出您公司需要缴纳的印花税有多少。

印花税应纳税额＝应税凭证计税依据 × 适用税率

印花税计税依据如图2-34所示。

图2-34　印花税计税依据

你向我咨小课堂 ···

问：我们公司和甲公司都属于小型微利企业。我们公司向甲公司购买了20辆乘用车，合同列明不含税金额是500万元，那么我们公司需要缴纳多少印花税？

答：您双方签订的买卖合同属于印花税的征税范围，由于您是小型微利企业，可以享受印花税的减半优惠政策，所以您公司需要缴纳的印花税＝5000000×0.3‰×50%＝750（元）。

（5）印花税的纳税义务发生时间及纳税期限

具体来说，当您公司在经济活动中形成需要缴纳印花税的合同和书据或者完成证券交易时，纳税义务即产生。

一般情况下纳税期限可以是按次申报、按季申报或按年申报，具体的申报期限是自纳税义务发生之日起15日内。法律给您公司充分的时间来准备和申报税款，避免因延误申报而可能产生的罚款或其他不利后果。

（6）常见的免征印花税的情形

印花税中可以享受免税的情形如图2-35所示。如果您有符合条件的，那恭喜您，可以"省钱"啦！

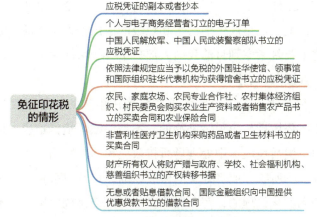

图2-35 免征印花税的情形

7.环境保护税

（1）什么是环境保护税

环境保护税是对直接向我国领域和我国管辖的其他海域排放应税污染物的企业事业单位和其他生产经营者所收取的一种税。其目的是鼓励企业减少污染物排放，推动绿色发展。

（2）谁需要缴纳环境保护税

环境保护税主要针对污染破坏环境的特定行为征税，一般从排污主体、排污行为、应税污染物三方面来判断是否需要缴纳环境保护税，详见图2-36。

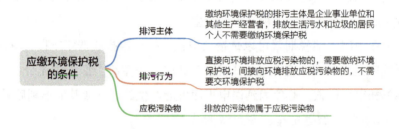

图2-36　应缴环境保护税的条件

一是排污主体。缴纳环境保护税的排污主体是企业事业单位和其他生产经营者，也就是说排放生活污水和垃圾的居民个人是不需要缴纳环境保护税的，这主要是考虑到目前我国大部分市县的生活污水和垃圾已进行集中处理，不直接向环境排放。

二是排污行为。直接向环境排放应税污染物的，需要缴纳环境保护税，而间接向环境排放应税污染物的，不需要缴环境保护税。比如：向污水集中处理、生活垃圾集中处理场所排放应税污染物的，在符合环境保护标准的设施、场所贮存或者处置固体废物的，以及对畜禽养殖废弃物进行综合利用和无害化处理的，都不属于直接向环境排放污染物，不需要缴纳环境保护税。

三是应税污染物。共分为大气污染物、水污染物、固体废物和噪声四大类。

应税大气污染物包括二氧化硫、氮氧化物等 44 种主要大气污染物。

应税水污染物包括化学需氧量、氨氮等 65 种主要水污染物。

应税固体废物包括煤矸石、尾矿、危险废物、冶炼渣、粉煤灰、炉渣以及其他固体废物。其中，其他固体废物的具体范围授权由各省、自治区、直辖市人民政府确定。

应税噪声仅指工业噪声，是在工业生产中使用固定设备时，产生的超过国家规定噪声排放标准的声音，不包括建筑噪声等其他噪声。

（3）环境保护税的税额

环境保护税的具体税额是根据《环境保护税税目税额表》来确定的。不同地区可以根据自身环境承载能力、污染物排放现状和经济社会发展目标要求，在一定幅度内确定具体的适用税额。

《环境保护税税目税额表》见表 2-10。

表 2-10　　　　　　　　环境保护税税目税额表

税目		计税单位	税额	备注
大气污染物		每污染当量	1.2 元至 12 元	—
水污染物		每污染当量	1.4 元至 14 元	—
固体废物	煤矸石	每吨	5 元	—
	尾矿	每吨	15 元	
	危险废物	每吨	1000 元	
	冶炼渣、粉煤灰、炉渣、其他固体废物（含半固态、液态废物）	每吨	25 元	

续表

	税目	计税单位	税额	备注
噪声	工业噪声	超标 1 ~ 3 分贝	每月 350 元	1.一个单位边界上有多处噪声超标，根据最高一处超标声级计算应纳税额；当沿边界长度超过 100 米有两处以上噪声超标，按照两个单位计算应纳税额。 2.一个单位有不同地点作业场所的，应当分别计算应纳税额，合并计征。 3.昼、夜均超标的环境噪声，昼、夜分别计算应纳税额，累计计征。 4.声源一个月内超标不足 15 天的，减半计算应纳税额。 5.夜间频繁突发和夜间偶然突发厂界超标噪声，按等效声级和峰值噪声两种指标中超标分贝值高的一项计算应纳税额
		超标 4 ~ 6 分贝	每月 700 元	
		超标 7 ~ 9 分贝	每月 1400 元	
		超标 10 ~ 12 分贝	每月 2800 元	
		超标 13 ~ 15 分贝	每月 5600 元	
		超标 16 分贝以上	每月 11200 元	

（4）环境保护税的计算方式

大气污染物、水污染物应纳税额 = 污染当量数 × 适用税额

污染当量数 = 污染物排放量 ÷ 污染当量值

固体废物应纳税额 = 固体废物排放量 × 适用税额

固体废物的排放量 = 当期应税固体废物产生量 − 当期应税固体废物贮存量 − 当期应税固体废物处置量 − 当期应税固体废物综合利用量

噪声按照超过国家规定标准的分贝数适用对应的具体税额。

（5）环境保护税的纳税期限

环境保护税的纳税义务发生时间为纳税人排放应税污染物的当日。

环境保护税按月计算，按季申报缴纳；纳税人按季申报缴纳的，应当自季度终了之日起 15 日内，向税务机关办理纳税申报并缴纳税款。

不能按固定期限计算缴纳的，可以按次申报缴纳。按次申报缴纳的，应

当自纳税义务发生之日起 15 日内，向税务机关办理纳税申报并缴纳税款。

你问我答小课堂 ....

问：我企业按照规定将污水排到依法设立的城乡污水集中处理厂，还需要缴纳环境保护税吗？

答：如果您企业向依法设立的城乡污水集中处理、生活垃圾集中处理场所排放应税污染物的，或者在符合国家和地方环境保护标准的设施、场所贮存或者处置固体废物的，不属于直接向环境排放污染物，不缴纳相应污染物的环境保护税。

你问我答小课堂 ....

问：我企业有 4 个污染物排放口，如何计算缴纳环境保护税？

答：如果您企业从两个以上排放口排放应税污染物的，对每一排放口排放的应税污染物应分别计算征收环境保护税；纳税人持有排污许可证的，其污染物排放口按照排污许可证载明的污染物排放口确定。

拓展延伸

建筑施工噪声、交通噪声虽然也是影响人们工作生活的重要污染源，但实际生活中，考虑到对建筑施工噪声和交通噪声监测难度都比较大，目前列入《环境保护税税目税额表》应税污染物的噪声仅指工业噪声。因此，建筑施工、交通产生的噪声不属于环境保护税征收范围，不需要缴纳环境保护税。

（6）常见的减免环境保护税的情形

环境保护税中可以享受减免的情形如图 2-37 所示。如果您有符合条件的，那恭喜您，可以"省钱"啦！

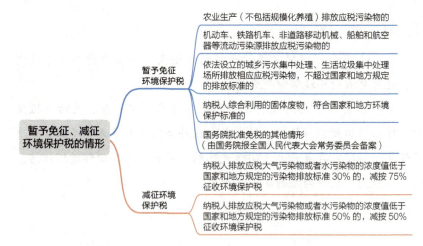

图2-37　暂予免征、减征环境保护税的情形

━━━━━ ▼温馨小提示▼ ━━━━━

达到省级人民政府确定的规模标准并且有污染物排放口的畜禽养殖场，应当依法缴纳环境保护税。

8.车船税

（1）什么是车船税

车船税是对我国境内规定的车辆和船舶的所有人或者管理人征收的一种税。通常来说，车船税与交通事故责任强制保险一起缴纳，如果不缴车船税，车辆不允许上路。

（2）谁需要缴纳车船税

在我国境内拥有或者管理规定的车辆、船舶都需要缴纳车船税。车船税可以自己在税务局缴纳，也可以通过保险公司代收代缴。因此，从事机动车交通事故责任强制保险业务的保险机构为机动车车船税的扣缴义务人。需要缴纳车船税的车辆如图2-38所示。

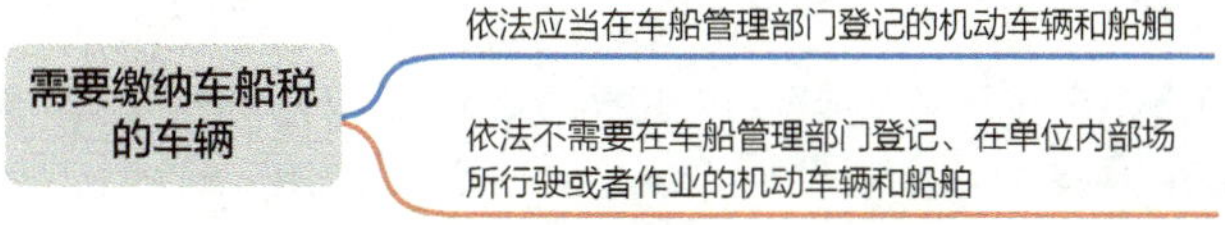

图 2-38 需要缴纳车船税的车辆

（3）车船税的税额

车船税实行定额税，其税额与车船的类型、排量、吨位等诸多因素有关。

车船的适用税额依照《中华人民共和国车船税法》所附《车船税税目税额表》（见表 2-11）执行。

表 2-11 　　　　　　　　车船税税目税额表

税　目		计税单位	年基准税额	备　注
乘用车〔按发动机汽缸容量（排气量）分档〕	1.0 升（含）以下的	每辆	60 元至 360 元	核定载客人数 9 人（含）以下
	1.0 升以上至 1.6 升（含）的		300 元至 540 元	
	1.6 升以上至 2.0 升（含）的		360 元至 660 元	
	2.0 升以上至 2.5 升（含）的		660 元至 1200 元	
	2.5 升以上至 3.0 升（含）的		1200 元至 2400 元	
	3.0 升以上至 4.0 升（含）的		2400 元至 3600 元	
	4.0 升以上的		3600 元至 5400 元	
商用车	客车	每辆	480 元至 1440 元	核定载客人数 9 人以上，包括电车
	货车	整备质量每吨	16 元至 120 元	包括半挂牵引车、三轮汽车和低速载货汽车等
挂车		整备质量每吨	按照货车税额的 50% 计算	—

税 目		计税单位	年基准税额	备 注
其他车辆	专用作业车	整备质量每吨	16 元至 120 元	不包括拖拉机
	轮式专用机械车		16 元至 120 元	
摩托车		每辆	36 元至 180 元	——
船舶	机动船舶	净吨位每吨	3 元至 6 元	拖船、非机动驳船分别按照机动船舶税额的 50% 计算
	游艇	艇身长度每米	600 元至 2000 元	——

（4）车船税的计算方式

通常情况下，车船税按年申报，分月计算，一次性缴纳。其计算公式如下：

应纳税额 = 计税单位 × 年应纳税额

如果您公司购置的新车船购置当年或机动车距规定报废期不足 1 年，需要按月计算缴纳车船税，购置当年的应纳税额自纳税义务发生的当月起按月计算。计算公式为：

应纳税额 = 年应纳税额 ÷ 12 × 应纳税月份数

应纳税月份数 = 12 - 纳税义务发生时间（取月份）+ 1

温馨小提示

如果您的车船因质量原因被退回生产企业或者经销商的，本年如果已经缴纳过车船税的话，可以向税务机关申请退还自退货月份起至该纳税年度终了期间的税款。

在一个纳税年度内，已完税的车船被盗抢、报废、灭失的，您可以凭有关管理机关出具的证明和完税证明，向纳税所在地的主管税务机关申请退还自被盗抢、报废、灭失月份起至该纳税年度终了期间的税款。

您在购买交通事故责任强制保险时，如果已由扣缴义务人代收代缴车船税，车辆登记地主管税务机关再次征收的，您也可向税务机关申请退还已经缴纳的车船税。

（5）车船税的纳税地点

车船税的纳税地点为车船的登记地或者车船税扣缴义务人所在地。如果您单位的车船属于依法不需要办理登记的车船，可以在您单位所在地缴纳车船税。

（6）车船税的纳税期限

车船税按年申报，分月计算，一次性缴纳。具体申报纳税期限由省、自治区、直辖市人民政府规定。纳税年度为公历 1 月 1 日至 12 月 31 日。

你问我答小课堂　·····································

问：最近，我公司购买了一辆厂区内部行驶的工作用的新能源车，这辆车不需要购买交通事故责任强制保险，发票和车辆合格证书上写的是"纯电动多用途乘用车"，我公司在申报车船税的时候，车辆类型无法选择纯电动车，这该怎么申报？

答：根据税法规定，纯电动乘用车和燃料电池乘用车不属于车船税征税范围，对其不征收车船税，您公司不需要对这辆车进行车船税纳税申报。

（7）常见的免征车船税的情形

车船税中可以享受免税的情形如图 2−39 所示。如果您有符合条件的，那恭喜您，可以"省钱"啦！

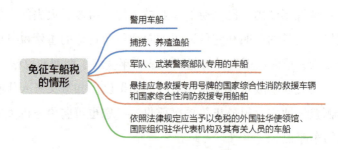

图 2-39 免征车船税的情形

9.耕地占用税

（1）什么是耕地占用税

耕地占用税是为了合理利用土地资源、加强土地管理以及保护农用耕地而设立的税种。主要是对在中华人民共和国境内占用耕地建房或从事其他非农业建设的单位和个人征收的税，目的是强化地方政府对土地的管理，属于地方税的范畴。

▼▼▼ **温馨小提示** ◀◀◀

所谓耕地是指种植农业作物的土地，包括菜地、园地。其中，园地包括花圃、苗圃、茶园、果园、桑园和其他种植经济林木的土地。占用鱼塘及其他农用土地建房或从事其他非农业建设，也视同占用耕地，必须依法缴纳耕地占用税。

（2）谁需要缴纳耕地占用税

在中华人民共和国境内占用耕地建设建筑物、构筑物或者从事非农业建设的单位和个人，应当缴纳耕地占用税。占用园地、林地、草地、农田水利用地、养殖水面、渔业水域滩涂以及其他农用地建设建筑物、构筑物或者从事非农业建设的，依照规定缴纳耕地占用税。这意味着无论是企业还是个人，也无论是行政单位还是事业单位，只要占用了耕地进行非农业建设，都需要缴纳耕地占用税。耕地占用税的纳税人如图2-40所示。

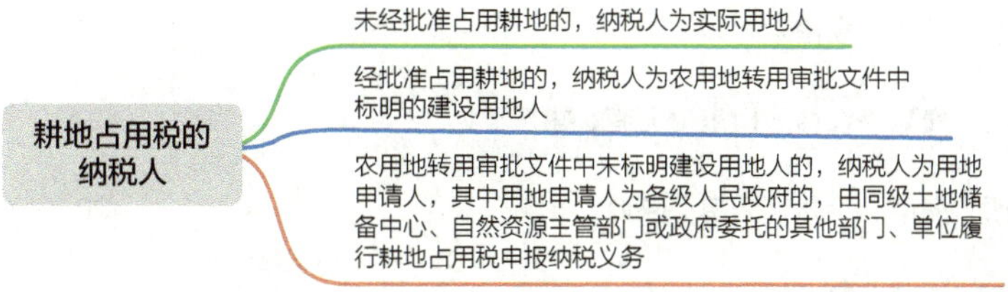

图2-40　耕地占用税的纳税人

你问我答小课堂 ....

问：我企业因采矿导致耕地塌陷，需要缴纳耕地占用税吗？

答：需要。因挖损、采矿塌陷、压占、污染等损毁耕地属于税法所称的非农业建设，应依照税法规定缴纳耕地占用税；自自然资源、农业农村等相关部门认定损毁耕地之日起3年内依法复垦或修复，恢复种植条件的，可按规定办理退税。

（3）耕地占用税的税率

耕地占用税的税目与税率是依据人均耕地面积和经济发展状况来确定的，并且根据不同地区的实际情况有所不同。具体税额见表2-12。

表2-12　　各省、自治区、直辖市耕地占用税平均税额表

省、自治区、直辖市	平均税额/（元/平方米）
上海	45
北京	40
天津	35
江苏、浙江、福建、广东	30

续表

省、自治区、直辖市	平均税额/（元/平方米）
辽宁、湖北、湖南	25
河北、安徽、江西、山东、河南、重庆、四川	22.5
广西、海南、贵州、云南、陕西	20
山西、吉林、黑龙江	17.5
内蒙古、西藏、甘肃、青海、宁夏、新疆	12.5

（4）耕地占用税的计算方式

耕地占用税以纳税人实际占用的耕地面积为计税依据，按照规定的适用税额标准计算应纳税额，实行一次性征收。计算公式为：

应纳税额 = 纳税人实际占用的耕地面积 × 适用定额税率

占用基本农田的，加按150%征收耕地占用税。计算公式为：

应纳税额 = 应税土地面积 × 适用税额 × 150%

（5）耕地占用税的纳税义务发生时间及纳税期限

耕地占用税的纳税义务发生时间为纳税人收到自然资源主管部门办理占用耕地手续的书面通知的当日。未经批准占用耕地的，耕地占用税纳税义务发生时间为自然资源主管部门认定的纳税人实际占用耕地的当日。

纳税人应当自纳税义务发生之日起30日内申报缴纳耕地占用税。

你问我答小课堂 ···

问：我企业临时占用耕地是否需要缴纳耕地占用税？

答：纳税人因建设项目施工或者地质勘查临时占用耕地，应当依照规定缴纳耕地占用税。纳税人在批准临时占用耕地期满之日起1年内依法复垦，恢复种植条件的，全额退还已经缴纳的耕地占用税。

（6）常见的免征耕地占用税的情形

耕地占用税中可以享受免征政策、减征政策以及针对特定情况下的退税情形如图 2-41 所示。如果您有符合条件的，那恭喜您，可以"省钱"啦！

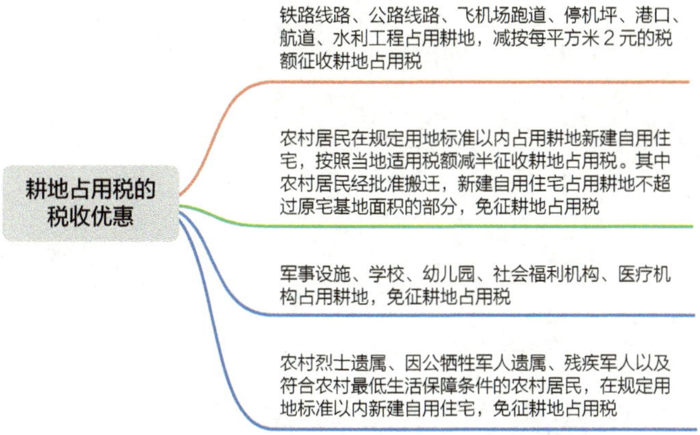

耕地占用税的税收优惠

- 铁路线路、公路线路、飞机场跑道、停机坪、港口、航道、水利工程占用耕地，减按每平方米 2 元的税额征收耕地占用税
- 农村居民在规定用地标准以内占用耕地新建自用住宅，按照当地适用税额减半征收耕地占用税。其中农村居民经批准搬迁，新建自用住宅占用耕地不超过原宅基地面积的部分，免征耕地占用税
- 军事设施、学校、幼儿园、社会福利机构、医疗机构占用耕地，免征耕地占用税
- 农村烈士遗属、因公牺牲军人遗属、残疾军人以及符合农村最低生活保障条件的农村居民，在规定用地标准以内新建自用住宅，免征耕地占用税

图 2-41　耕地占用税的税收优惠

第三课

税费政策专题

一、重点行业

近年来，党和国家着眼高质量发展目标，推动以科技创新引领新质生产力，根据发展战略和产业政策，在保持税收政策稳定的基础上，通过调整税率、扩大税基、优化税收优惠政策等手段，对现行的税制进行改革和完善，引导资金流向优先发展领域，鼓励开展特定经济活动，支持创新创业和实体经济发展，降低企业和个人的税收负担，激发市场活力，以适应经济社会发展的需要。

先后延续优化完善了一系列针对小微企业和个体工商户的税费优惠政策，比如小规模纳税人月销售额 10 万元以下免征增值税，小规模纳税人适用 3% 征收率的应税销售收入减按 1% 征收增值税，个体工商户年应纳税所得额不超过 200 万元的部分减半征收个人所得税，小型微利企业减按 25% 计算应纳税所得额、按 20% 的税率缴纳企业所得税政策，"六税两费"减半征收等，旨在减轻这些经济主体的税负，降低经营成本，提高企业的竞争力和生存能力，促进企业长久健康发展。

本部分聚焦纳税人和缴费人关心的热点问题，按照不同的行业主体对现行有效的税费优惠政策进行梳理，分别介绍科研、涉农、金融、教育、医疗、养老、资源综合利用、二手车经销、互联网、批发零售、建筑、交通运输等 12 个行业在经营过程中可能会经常用到的税费优惠以及一些注意事项，帮助您知政策懂政策，及时享受税费红利。

1. 科研行业

科研行业涉及广泛的领域，包括但不限于自然科学、工程技术、医学、社会科学等领域。科研的本质在于探索未知，创造新知识，以及将这些知识转化为可以实际应用的技术或产品。科研行业对于社会的发展具有重要意义，不仅有助于推动科学技术的进步，也是促进社会文明发展的重要力量。同时，科研行业也可以为那些对知识充满热情的人提供实现个人价值和职业发展的平台。

本部分所称的科研行业指的是高新技术企业、技术先进型企业、科研机构等。科研行业主要涉及的税收优惠政策包括增值税、企业所得税、个人所得税、房产税、城镇土地使用税等，下面将分别进行介绍。

（1）科研行业增值税优惠政策

现行的科研行业增值税优惠政策如图 3-1 所示。

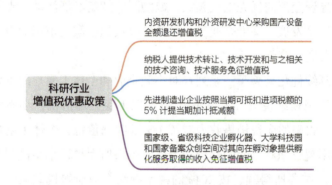

图 3-1　科研行业增值税优惠政策

① 自 2023 年 1 月 1 日至 2027 年 12 月 31 日，允许先进制造业企业按照当期可抵扣进项税额的 5% 计提当期加计抵减额。

② 自 2024 年 1 月 1 日至 2027 年 12 月 31 日，国家级、省级科技企业孵化器、大学科技园和国家备案众创空间对其向在孵对象提供孵化服务取得的收入，免征增值税。

③ 纳税人提供技术转让、技术开发和与之相关的技术咨询、技术服务，免征增值税。

④ 继续对内资研发机构和外资研发中心采购国产设备全额退还增值税，该政策执行至 2027 年 12 月 31 日，具体从内资研发机构和外资研发中心取得退税资格的次月 1 日起执行。

温馨小提示

您的企业申请技术转让、技术开发和与之相关的技术咨询、技术服务，免征增值税时，须持技术转让、开发的书面合同，到企业所在地省级科技主管部门进行认定，并持有关的书面合同和科技主管部门审核意见证明文件报主管税务机关备查。

（2）科研行业企业所得税优惠政策

① 企业所得税税率优惠

享受科研行业所得税税率优惠的条件如图 3-2 所示。

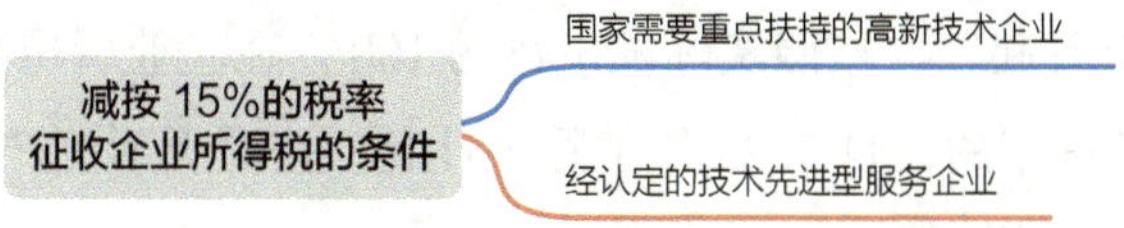

减按 15% 的税率
征收企业所得税的条件

国家需要重点扶持的高新技术企业

经认定的技术先进型服务企业

图 3-2　享受科研行业所得税税率优惠的条件

你问我答小课堂

问：我公司去年是高新技术企业，今年 3 月高新技术企业的资格到期了，那我公司今年还能按照 15% 的税率缴纳企业所得税吗？

答：企业的高新技术企业资格期满当年，在通过重新认定前，其企业所得税暂按 15% 的税率预缴，在年底前仍未取得高新技术企业资格的，应按规定补缴相应期间的税款。

因此今年仍然能按照 15% 的税率预缴企业所得税，在年底如果取得高新技术企业资格，则无须补缴税款，若未取得高新技术企业资格，则需要按规定补缴税款。

② 企业所得税税前扣除优惠政策

科研行业企业所得税税前扣除优惠政策如图3-3所示。

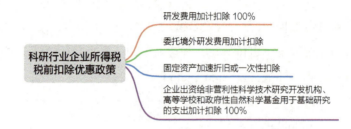

图3-3　科研行业企业所得税税前扣除优惠政策

研发费用企业所得税加计扣除：企业开展研发活动中实际发生的研发费用，未形成无形资产计入当期损益的，在按规定据实扣除的基础上，自2023年1月1日起，再按照实际发生额的100%在企业所得税税前加计扣除；形成无形资产的，自2023年1月1日起，按照无形资产成本的200%在企业所得税税前摊销。

温馨小提示

除烟草制造业、住宿和餐饮业、批发和零售业、房地产业、租赁和商务服务业、娱乐业等以外，其他行业企业均可享受研发费用加计扣除政策。

委托境外研发费用加计扣除：委托境外进行研发活动所发生的费用，按照费用实际发生额的80%计入委托方的委托境外研发费用。委托境外研发费用不超过境内符合条件的研发费用2/3的部分，可以按规定在企业所得税税前加计扣除。

企业出资给科研行业的基础研究支出加计扣除：自2022年1月1日起，企业出资给非营利性科学技术研究开发机构、高等学校和政府性自然科学基金用于基础研究的支出，在计算应纳税所得额时可按实际发生额在企业所得税税前扣除，并可按 100% 在企业所得税税前加计扣除。

固定资产加速折旧或一次性扣除：自 2008 年 1 月 1 日起，企业的固定资产由于技术进步等原因，确需加速折旧的，可以缩短折旧年限或者采取加速折旧的方法。

温馨小提示

采取缩短折旧年限或者采取加速折旧的方法的固定资产是指：由于技术进步，产品更新换代较快的固定资产；常年处于强震动、高腐蚀状态的固定资产。采取缩短折旧年限方法的，最低折旧年限不得低于法定折旧年限的 60%；采取加速折旧方法的，可以采取双倍余额递减法或者年数总和法。

企业在 2018 年 1 月 1 日至 2027 年 12 月 31 日期间新购进的设备、器具，单位价值不超过 500 万元的，允许一次性计入当期成本费用在计算应纳税所得额时扣除，不再分年度计算折旧。单位价值超过 500 万元的，仍按固定资产加速折旧的相关规定执行。

你问我答小课堂

问：我公司 2023 年买了一个厂房，价值 350 万元，我公司可以适用固定资产一次性扣除的政策吗？

答：不能。设备、器具，是指除房屋、建筑物以外的固定资产。

③ 企业所得税递延纳税政策

企业或个人以技术成果投资入股到境内居民企业，被投资企业支付的对价全部为股票（权）的，企业或个人可选择继续按现行有关税收政策执行，也可选择适用递延纳税优惠政策。

选择技术成果投资入股递延纳税政策的，经向主管税务机关备案，投资入股当期可暂不纳税，允许递延至转让股权时，按股权转让收入减去技术成果原值和合理税费后的差额计算缴纳企业所得税。

④ 企业所得税其他优惠政策

科研行业企业所得税其他优惠政策如图 3-4 所示。

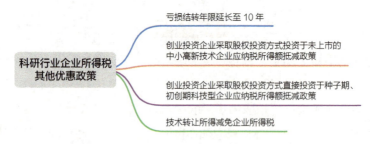

图 3-4　科研行业企业所得税其他优惠政策

高新技术企业和科技型中小企业亏损弥补结转年限延长至 10 年：即自 2018 年 1 月 1 日起，当年具备高新技术企业或科技型中小企业资格的企业，其具备资格年度之前 5 个年度发生的尚未弥补完的亏损，准予结转以后年度弥补，最长结转年限由 5 年延长至 10 年。

技术转让所得减免征收企业所得税：自 2008 年 1 月 1 日起，一个纳税年度内，居民企业技术转让所得不超过 500 万元的部分，免征企业所得税；超过 500 万元的部分，减半征收企业所得税。

自 2008 年 1 月 1 日起，创业投资企业采取股权投资方式投资于未上市的中小高新技术企业 2 年以上的，可以按照其投资额的 70% 在股权持有满 2 年的当年抵扣该创业投资企业的应纳税所得额；当年不足抵扣的，可以在以后纳税年度结转抵扣。

至 2027 年 12 月 31 日，公司制创业投资企业采取股权投资方式直接投资于种子期、初创期科技型企业满 2 年（24 个月）的，可以按照投资额的 70% 在股权持有满 2 年的当年抵扣该公司制创业投资企业的应纳税所得额；当年不足抵扣的，可以在以后纳税年度结转抵扣。

自 2015 年 10 月 1 日起，全国范围内的有限合伙制创业投资企业采取股权投资方式投资于未上市的中小高新技术企业满 2 年（24 个月）的，该有限合伙制创业投资企业的法人合伙人可按照其对未上市中小高新技术企业投资额的 70% 抵扣该法人合伙人从该有限合伙制创业投资企业分得的应纳税所得额，当年不足抵扣的，可以在以后纳税年度结转抵扣。

（3）科研行业个人所得税优惠政策

① 科研行业免征个人所得税的情形

科研行业免征个人所得税的情形如图 3-5 所示。

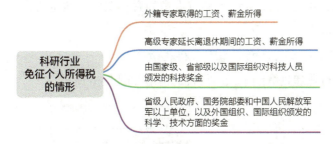

图 3-5 科研行业免征个人所得税的情形

高级专家延长离退休期间工薪免征个人所得税：对高级专家从其劳动人事关系所在单位取得的，单位按国家有关规定向职工统一发放的工资、薪金、奖金、津贴、补贴等收入，视同离休、退休工资，免征个人所得税。

外籍专家取得的工资、薪金所得免征个人所得税。

外籍专家需符合下列条件之一：

A. 根据世界银行专项贷款协议由世界银行直接派往我国工作的外国专家；

B. 联合国组织直接派往我国工作的专家；

C. 为联合国援助项目来华工作的专家；

D. 援助国派往我国专为该国无偿援助项目工作的专家；

E. 根据两国政府签订文化交流项目来华工作两年以内的文教专家，其工资、薪金所得由该国负担的；

F. 根据我国大专院校国际交流项目来华工作两年以内的文教专家，其工资、薪金所得由该国负担的；

G. 通过民间科研协定来华工作的专家，其工资、薪金所得由该国政府机构负担的。

② 科研行业减半征收个人所得税的情形

职务科技成果转化现金奖励减免个人所得税：自 2018 年 7 月 1 日起，依法批准设立的非营利性研究开发机构和高等学校根据《中华人民共和国促进科技成果转化法》规定，从职务科技成果转化收入中给予科技人员的现金奖励，可减按 50% 计入科技人员当月"工资、薪金所得"，依法缴纳个人所得税。

③ 科研行业递延缴纳个人所得税的情形

科研行业递延缴纳个人所得税的情形如图 3-6 所示。

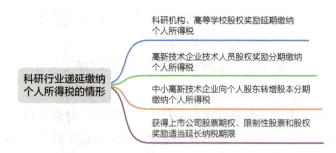

图 3-6　科研行业递延缴纳个人所得税的情形

科研机构、高等学校股权奖励延期缴纳个人所得税：科研机构、高等学校转化职务科技成果以股份或出资比例等股权形式给予个人奖励，获奖人在取得股份、出资比例时，暂不缴纳个人所得税；取得按股份、出资比例分红或转让股权、出资比例所得时，应依法缴纳个人所得税。

高新技术企业技术人员股权奖励分期缴纳个人所得税：高新技术企业转化科技成果，给予本企业相关技术人员的股权奖励，个人一次缴纳税款有困难的，可根据实际情况自行制订分期缴税计划，在不超过 5 个公历年度内（含）分期缴纳，并将有关资料报主管税务机关备案。

　　中小高新技术企业向个人股东转增股本分期缴纳个人所得税：中小高新技术企业以未分配利润、盈余公积、资本公积向个人股东转增股本时，个人股东一次缴纳个人所得税确有困难的，可根据实际情况自行制订分期缴税计划，在不超过 5 个公历年度内（含）分期缴纳，并将有关资料报主管税务机关备案。

　　获得上市公司股票期权、限制性股票和股权奖励适当延长纳税期限：上市公司授予个人的股票期权、限制性股票和股权奖励，经向主管税务机关备案，个人可自股票期权行权、限制性股票解禁或取得股权奖励之日起，在不超过 36 个月的期限内缴纳个人所得税。

你问我答小课堂 ....

　　问：我是高新技术企业的一名科研技术人员，公司给我股权奖励，请问我能不能分期缴纳个人所得税？如果可以的话，需要办理什么手续吗？

　　答：高新技术企业转化科技成果，给予本企业相关技术人员的股权奖励，个人一次缴纳税款有困难的，可根据实际情况自行制订分期缴税计划，在不超过 5 个公历年度内（含）分期缴纳。如果您要享受分期缴纳个人所得税的政策，您需要将有关资料报主管税务机关备案。

（4）科研行业房产税、城镇土地使用税优惠政策

　　自 2019 年 1 月 1 日至 2027 年 12 月 31 日，对国家级、省级科技企业孵化器、大学科技园和国家备案众创空间自用以及无偿或通过出租等方式提供给在孵对象使用的房产、土地，免征房产税和城镇土地使用税。

　　转制科研机构的科研开发自用土地免征城镇土地使用税：对经国务院批准的原国家经贸委管理的 10 个国家局所属 242 个科研机构和建设部等 11 个部门（单位）所属 134 个科研机构中转为企业的科研机构和进入企业的科研机构，从转制注册之日起 5 年内免征科研开发自用土地、房产的城镇土地使用税、房产税，政策执行到期后，再延长 2 年期限。

2. 涉农行业

涉农行业通常指的是与农业生产直接或间接相关的企业和行业。通常包括农产品的生产、加工、销售、服务等相关的企业。涉农行业的健康发展对保障国家粮食安全、促进农民增收、推动乡村振兴等具有重要意义。随着科技的进步和市场需求的变化，涉农行业也在不断地进行结构调整和技术创新，以适应新的发展趋势。

涉农行业主要涉及的税收优惠政策包括增值税、企业所得税、个人所得税、耕地占用税、房产税、城镇土地使用税、印花税、契税、车船税等。下面将分别进行介绍。

（1）涉农行业增值税优惠政策

涉农行业免征增值税的情形如图3-7所示。

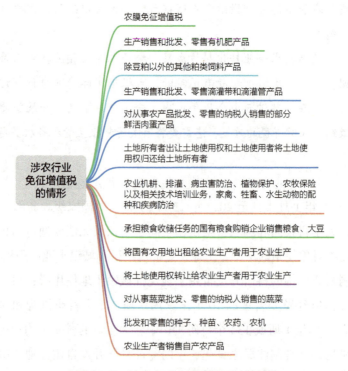

图3-7　涉农行业免征增值税的情形

① 农业生产者销售的自产农产品免征增值税。

② 农膜免征增值税。纳税人从事农膜生产销售、批发零售免征增值税。农膜是指用于农业生产的各种地膜、大棚膜。

③ 批发和零售的种子、种苗、农药、农机免征增值税。

④ 对从事农产品批发、零售的纳税人销售的部分鲜活肉蛋产品免征增值税。

免征增值税的鲜活肉产品，是指猪、牛、羊、鸡、鸭、鹅及其整块或者分割的鲜肉、冷藏或者冷冻肉，内脏、头、尾、骨、蹄、翅、爪等组织。

免征增值税的鲜活蛋产品，是指鸡蛋、鸭蛋、鹅蛋，包括鲜蛋、冷藏蛋以及对其进行破壳分离的蛋液、蛋黄和蛋壳。

上述产品中不包括《中华人民共和国野生动物保护法》所规定的国家珍贵、濒危野生动物及其鲜活肉类、蛋类产品。

⑤ 对从事蔬菜批发、零售的纳税人销售的蔬菜免征增值税。其中，蔬菜是指可作副食的草本、木本植物，包括各种蔬菜、菌类植物和少数可作副食的木本植物。蔬菜的主要品种参照《蔬菜主要品种目录》执行。

经挑选、清洗、切分、晾晒、包装、脱水、冷藏、冷冻等工序加工的蔬菜，属于上述所述蔬菜的范围。

各种蔬菜罐头不属于上述所述蔬菜的范围。蔬菜罐头是指蔬菜经处理、装罐、密封、杀菌或无菌包装而制成的食品。

温馨小提示

纳税人从批发、零售环节购进适用免征增值税政策的蔬菜、部分鲜活肉蛋而取得的普通发票，不得作为计算抵扣进项税额的凭证。

你问我答小课堂

问：我们是一家农业公司，在农村承包了一块地，现在转租给农户种植花生，请问我公司用不用缴纳增值税？

答：将土地使用权转让给农业生产者用于农业生产免征增值税。纳税人采取转包、出租、互换、转让、入股等方式将承包地流转给农业生产者用于农业生产，免征增值税。

（2）涉农行业企业所得税优惠政策

根据《中华人民共和国企业所得税法》的相关规定，企业从事农、林、牧、渔业项目的所得，可以免征、减征企业所得税（如图3-8、图3-9所示）。

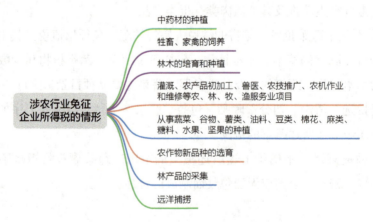

图3-8　涉农行业免征企业所得税的情形

图 3-9 涉农行业减半征收企业所得税的情形

（3）涉农行业个人所得税优惠政策

农村税费改革试点期间，取消农业特产税、减征或免征农业税后，对个人或个体户从事种植业、养殖业、饲养业、捕捞业（简称"四业"），且经营项目属于农业税（包括农业特产税）、牧业税征税范围的，其取得的"四业"所得暂不征收个人所得税。

对个人独资企业和合伙企业从事"四业"，其投资者取得的"四业"所得暂不征收个人所得税。

（4）涉农行业耕地占用税优惠政策

农民专业合作社建设直接为农业生产服务的生产设施占用的农用地（林地、牧草地、农田水利设施用地、养殖水面以及渔业水域滩涂等），不征收耕地占用税。

农村居民在规定用地标准以内占用耕地新建自用住宅，按照当地适用税额减半征收耕地占用税。

农村居民经批准搬迁，新建自用住宅占用耕地不超过原宅基地面积的部分，免征耕地占用税。

▶ **温馨小提示** ◀

如果您公司在免征或减征耕地占用税后改变了原有的占地用途，不再属于免征或者减征耕地占用税的情形，应当按照当地适用税额补缴耕地占用税。

（5）涉农行业房产税优惠政策

① 对农民居住用房屋，不征收房产税。

② 至 2027 年 12 月 31 日，对专门经营农产品的农产品批发市场、农贸市场（包括自有和承租），暂免征收房产税。

（6）涉农行业城镇土地使用税优惠政策

① 直接用于农、林、牧、渔业的生产用地免征城镇土地使用税。

② 至 2027 年 12 月 31 日，对专门经营农产品的农产品批发市场、农贸市场（包括自有和承租），暂免征收城镇土地使用税。

在城镇土地使用税征收范围内经营采摘、观光农业的单位和个人，其直接用于采摘、观光的种植、养殖、饲养的土地，免征城镇土地使用税。

你问我答小课堂

问：我们公司是一家面粉厂，主要业务是将小麦加工成面粉，那我们厂区是不是可以享受城镇土地使用税减免的政策？

答：直接用于农、林、牧、渔业的生产用地免征城镇土地使用税。直接用于农、林、牧、渔业的生产用地，是指直接从事于种植、养殖、饲养的专业用地，不包括农副产品加工场地和生活、办公用地。因此，加工面粉的厂区不能免征城镇土地使用税。

（7）涉农行业印花税优惠政策

农民、家庭农场、农民专业合作社、农村集体经济组织、村民委员会购买农业生产资料或者销售农产品书立的买卖合同和农业保险合同免征印花税。

（8）涉农行业契税优惠政策

承受荒山、荒地、荒滩土地使用权用于农、林、牧、渔业生产免征契税。

（9）涉农行业车船税优惠政策

拖拉机及捕捞、养殖渔船免征车船税。

3.金融行业

金融行业享有一些特定的税收优惠政策，这些税收优惠政策有助于降低金融机构的运营成本，鼓励金融机构为实体经济提供更多支持和服务，特别是对小微企业和农户的支持。同时，这些政策也有助于促进金融市场的稳定和发展，增强金融服务的可持续性。

金融行业的税收优惠政策主要涉及增值税、企业所得税、房产税、城镇土地使用税、印花税、契税、土地增值税等。以下是一些相关的主要税收优惠措施。

（1）金融行业增值税优惠政策

① 金融行业免征增值税的情形

金融行业免征增值税的情形如图 3-10 所示。

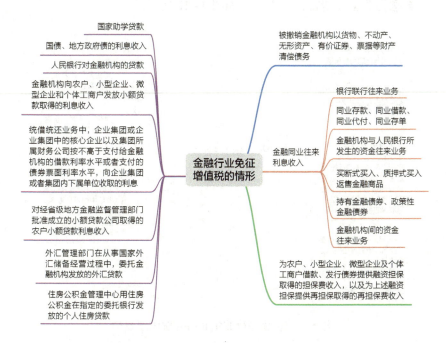

图 3-10　金融行业免征增值税的情形

② 金融行业不征收增值税的情形

金融行业不征收增值税的情形如图 3-11 所示。

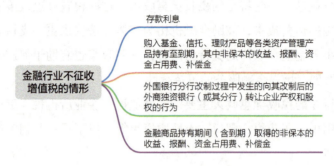

图 3-11　金融行业不征收增值税的情形

（2）金融行业企业所得税优惠政策

金融行业企业所得税优惠政策如图 3-12 所示。

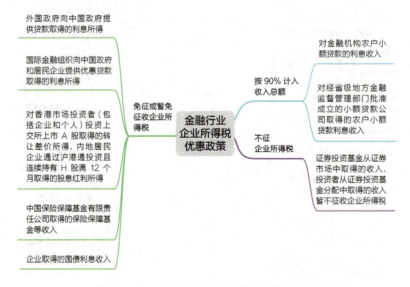

图 3-12　金融行业企业所得税优惠政策

你问我答小课堂

问：我公司是一家小额贷款公司，听说给农户贷款的话能够减计收入，有这个税收优惠政策吗？

答：对经省级地方金融监督管理部门批准成立的小额贷款公司取得的农户小额贷款利息收入，在计算企业所得税应纳税所得额时，按 90% 计入收入总额。比如您公司取得的农户小额贷款利息收入是 100 万元，在进行企业所得税应纳税所得额计算时，收入按照 90 万元计入。

（3）金融行业房产税优惠政策

金融行业免征房产税优惠政策如图 3-13 所示。

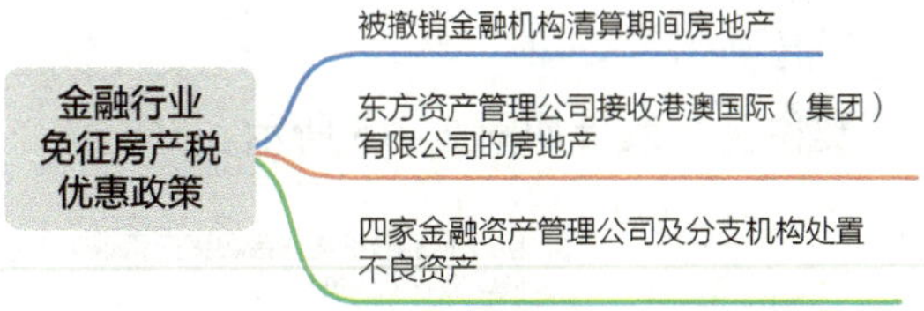

图 3-13　金融行业免征房产税优惠政策

温馨小提示

　　四家金融资产管理公司是指中国信达资产管理股份有限公司、中国华融资产管理股份有限公司、中国长城资产管理股份有限公司、中国东方资产管理股份有限公司。

（4）金融行业城镇土地使用税优惠政策

四家金融资产管理公司处置房地产免征城镇土地使用税。

（5）金融行业印花税优惠政策

金融行业免征印花税优惠政策如图 3-14 所示。

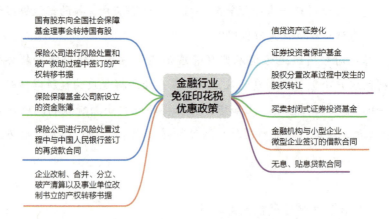

图 3-14　金融行业免征印花税优惠政策

（6）金融行业契税优惠政策

金融行业免征契税优惠政策如图 3-15 所示。

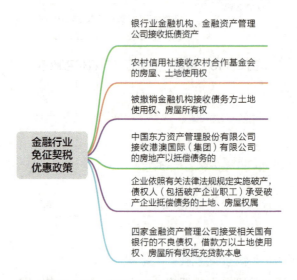

图 3-15　金融行业免征契税优惠政策

（7）金融行业土地增值税优惠政策

对企业改制重组过程中涉及的土地增值税暂不征收。

4. 教育行业

教育行业在我国享有一系列的税收优惠政策，这些政策旨在降低教育机构的运营成本，鼓励社会力量投入教育事业，支持各类教育教学活动。教育机构应当充分了解和利用这些政策，以优化自身的财税管理和资金使用效率。同时，政策的具体内容和实施细则可能会随着国家法律法规的变化而调整，因此教育机构需要及时关注相关政策的最新动态，确保合规享受税收优惠。

教育行业的税收优惠政策主要涉及增值税、企业所得税、个人所得税、房产税、城镇土地使用税、耕地占用税、契税、印花税、土地增值税等。以下是一些相关的主要税收优惠措施。

（1）教育行业增值税优惠政策

教育行业免征增值税优惠政策如图 3-16 所示。

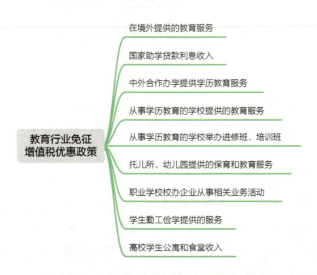

图 3-16　教育行业免征增值税优惠政策

一般纳税人提供非学历教育服务、教育辅助服务，可以选择适用简易计税方法按照3%征收率计算增值税应纳税额。如果选择一般计税，按照6%的税率计算增值税应纳税额。

（2）教育行业企业所得税优惠政策

非营利组织的免税收入如图3-17所示。

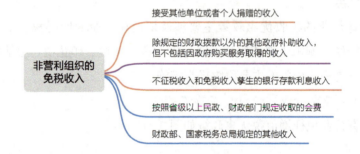

图3-17 非营利组织的免税收入

非营利组织应取得非营利组织免税资格认定，并符合非营利组织免税资格认定管理的相关规定。

（3）教育行业个人所得税优惠政策

① 个人通过中华人民共和国境内公益性社会组织、县级以上人民政府及其部门等国家机关，向教育等公益慈善事业的捐赠，发生的公益捐赠支出，可以按照个人所得税法有关规定在计算应纳税所得额时扣除。

② 个人通过中国教育发展基金会用于公益救济性捐赠，准予在个人所

得税税前全额扣除。

问：我直接向农村学校的捐赠，可以在个人所得税税前扣除吗？

答：个人对外捐赠时，需要注意捐赠渠道。通过公益性社会组织、县级以上人民政府及其部门等国家机关、中国教育发展基金会的捐赠才可以在个人所得税税前扣除。您直接向学校的捐赠，不能在个人所得税税前扣除。

（4）教育行业房产税优惠政策

① 学校、托儿所、幼儿园自用房产免征房产税

企业办的各类学校、医院、托儿所、幼儿园自用的房产，可以比照由国家财政部门拨付事业经费的单位自用的房产，免征房产税。

温馨小提示

只有符合以下条件才可以享受哟！

一是国家拨付事业经费和企业办的各类学校、托儿所、幼儿园；二是房产为自用。

② 高校学生公寓免征房产税

温馨小提示

享受条件：A. 高校学生公寓，是指为高校学生提供住宿服务，按照国家规定的收费标准收取住宿费的学生公寓。B. 企业享受免税政策，应按规定进行免税申报，并将不动产权属证明、载有房产原值的相关材料、房产用途证明、租赁合同等资料留存备查。

（5）教育行业城镇土地使用税优惠政策

对国家拨付事业经费和企业办的各类学校、托儿所、幼儿园自用的土地免征城镇土地使用税。

（6）教育行业耕地占用税优惠政策

学校、幼儿园占用耕地免征耕地占用税。

你问我答小课堂 ···

问：学校占用耕地免征耕地占用税，这个学校有没有限制？我们是技工院校，可以享受吗？

答：免税的学校，具体范围包括县级以上人民政府教育行政部门批准成立的大学、中学、小学，学历性职业教育学校和特殊教育学校，以及经省级人民政府或其人力资源社会保障行政部门批准成立的技工院校。如果是符合上述情形的学校，是可以享受该免征政策的。

（7）教育行业契税优惠政策

非营利性学校承受用于办公、教学、科研的土地、房屋权属免征契税。

━━━◤ **温馨小提示** ◢━━━

享受契税免税优惠的土地、房屋应符合以下用途：用于办公的，限于办公室（楼）以及其他直接用于办公的土地、房屋；用于教学的，限于教室（教学楼）以及其他直接用于教学的土地、房屋；用于科研的，限于科学试验的场所及其他直接用于科研的土地、房屋。

（8）教育行业印花税优惠政策

① 高校学生公寓租赁合同免征印花税。

② 财产所有权人将财产赠与学校书立的产权转移书据免征印花税。

（9）教育行业土地增值税优惠政策

纳税人将房屋产权、土地使用权赠与教育事业不征收土地增值税。

温馨小提示

需要通过中国境内非营利的社会团体、国家机关捐赠才可以享受不征税政策。

社会团体是指中国青少年发展基金会、希望工程基金会、宋庆龄基金会、减灾委员会、中国红十字会、中国残疾人联合会、全国老年基金会、老区促进会以及经民政部门批准成立的其他非营利的公益性组织。

------

5. 医疗行业

随着社会经济的发展和人民生活水平的提高，医疗行业在经济生活中的地位日益重要。医疗行业不仅是一个关乎人类健康与生命的重要领域，同时也是一个充满挑战的复杂行业。在税务管理方面，医疗企业所面对的税收改革环境发生了变化，同时，"两票制"[①]是国家专门针对医疗企业而建立的改革制度。医疗行业主要涉及的税收优惠政策包括增值税、企业所得税、耕地占用税、契税、房产税、城镇土地使用税等。下面将分别进行介绍。

（1）医疗行业增值税优惠政策

医疗行业增值税优惠政策见表 3-1。

① 医疗机构提供的医疗服务

如果您单位是医疗机构，那么恭喜您，您单位所提供的医疗服务是可以免征增值税的。但是您单位的医疗机构，必须是按照规定，经登记取得《医疗机构执业许可证》的机构，或者是军队、武警部队各级各类医疗机

------

① "两票制"是指药品生产企业将药品销售到批发企业开一次发票，批发企业销售到医疗机构开一次发票。

构。您单位所提供的医疗服务，是指提供医学检查、诊断、治疗、康复、预防、保健、接生、计划生育、防疫服务等方面的服务，以及与这些服务有关的提供药品、医用材料器具、救护车、病房住宿和伙食的业务。

表 3-1 医疗行业增值税优惠政策

税种	优惠	非营利性医疗机构		营利性医疗机构	
		税收优惠	征税	税收优惠	征税
增值税	医疗服务	不高于指导价的，免征增值税	高于指导价的，征收增值税	不高于指导价的，免征增值税	高于指导价的，征收增值税
	非医疗服务	—	征收增值税	—	征收增值税
	药品	与医疗服务有关的提供药品等，按医疗服务免征增值税	药房分离为独立的药品零售企业的，按规定征收增值税	与医疗服务有关的提供药品等，按医疗服务免征增值税	药房分离为独立的药品零售企业的，按规定征收增值税
	自产自用制剂	免税	—	直接用于改善医疗卫生条件的，自其取得执业登记之日起，3 年内免税	不符合免税条件的，或免税3 年后，按规定征收增值税

② 医药行业销售药品

通常情况下，如果您单位提供医疗服务时，售卖了与医疗服务相关的药品则是不需要缴纳增值税的，如医院的医生在诊断结束后开具的药品不需要缴纳增值税。但是如您单位的药房分离为独立的药品零售企业，则需要按规定缴纳增值税。您单位如果是一般纳税人，销售的这类药品则需要按照 13% 的税率缴纳增值税，您单位如果是小规模纳税人，则需要按 3% 的征收率缴纳增值税。

③ 医疗行业自产自用制剂

医院自产自用的制剂通常是可以免征增值税的，因为这类制剂一般都是用于医疗机构内部的医疗活动，不属于市场流通的商品。不过还是需要进行如下区分：如果您单位属于营利性的医疗机构，那您单位自产自用的制剂是免征增值税的；如果您单位属于非营利性医疗机构，您单位取得的收入直接用于改善医疗卫生条件的，那么自您单位取得执业登记之日起，3年内对您单位自产自用的制剂免征增值税，3年免税期满后恢复征税。

④ 医疗行业的药品领域

国产抗艾滋病病毒药品：根据《财政部 税务总局关于延续免征国产抗艾滋病病毒药品增值税政策的公告》（财政部 税务总局公告2023年第62号）规定，继续对国产抗艾滋病病毒药品免征生产环节和流通环节增值税。享受免征增值税政策的国产抗艾滋病病毒药品，须为各省（自治区、直辖市）艾滋病药品管理部门按照政府采购有关规定采购的，并向艾滋病病毒感染者和病人免费提供的抗艾滋病病毒药品。

避孕药品及器具：在我国，避孕药品和器具是免征增值税的，这是国家为了支持计划生育工作而实施的一项税收优惠政策。

生物制品：如果您单位属于增值税一般纳税人的药品经营企业，您单位销售自产的用微生物、微生物代谢产物、动物毒素、人或动物的血液或组织等制成的生物制品，可选择按照简易办法依照3%的征收率计算缴纳增值税。如果您单位选择简易办法计算缴纳增值税，36个月内不得变更计税方法。

抗癌药品：如果您单位属于增值税一般纳税人的药品经营企业，自2018年5月1日起，您单位生产销售和批发、零售抗癌药品，可选择按照简易办法依照3%的征收率计算缴纳增值税。如果您单位选择简易办法计算缴纳增值税，36个月内不得变更。自2018年5月1日起，对进口抗癌药品减按3%征收进口环节增值税。您单位应当单独核算抗癌药品的销售额。未单独核算的，不得适用简易征收政策。

罕见病药品：如果您单位属于增值税一般纳税人的药品经营企业，自2019年3月1日起，您单位生产销售和批发、零售罕见病药品，可选择按照简易办法依照3%的征收率计算缴纳增值税。如果您单位选择简易办法计算缴纳增值税，36 个月内不得变更。自 2019 年 3 月 1 日起，对进口罕见病药品减按 3% 征收进口环节增值税。您单位应当单独核算罕见病药品的销售额。未单独核算的，不得适用简易征收政策。

兽用生物制品：如果您单位属于增值税一般纳税人的兽用药品经营企业，销售兽用生物制品，可以选择简易办法按照兽用生物制品销售额和 3% 的征收率计算缴纳增值税。如果您单位选择简易办法计算缴纳增值税，36 个月内不得变更计税方法。

温馨小提示

兽用药品经营企业，是指取得兽医行政管理部门颁发的《兽药经营许可证》，获准从事兽用生物制品经营的兽用药品批发和零售企业。

自产创新药：药品生产企业销售自产创新药的销售额，为向购买方收取的全部价款和价外费用，其提供给患者后续免费使用的相同创新药，不属于增值税视同销售范围。

（2）医疗行业企业所得税优惠政策

医疗行业企业所得税优惠政策见表 3-2。

表 3-2　医疗行业企业所得税优惠政策

税种	税收优惠	非营利性医疗机构		营利性医疗机构	
		税收优惠	征税	税收优惠	征税
所得税	非医疗收入	直接用于改善医疗卫生服务条件的部分，经税务部门审核批准可抵扣其应纳税所得额，就其余额征收企业所得税	按应纳税所得额征收企业所得税	—	按应纳税所得额征收企业所得税

不论是营利性医疗机构还是非营利性医疗机构，都属于企业所得税纳税人。一般来说，医疗行业需要按照国家规定的税率缴纳企业所得税。不过，医疗行业也有一些税收优惠政策，举例如下。

研发费用加计扣除：如果您单位开展了研发活动并实际发生了研发费用，未形成无形资产计入当期损益的，在按规定据实扣除的基础上，再按照实际发生额的一定比例在税前加计扣除；形成无形资产的，按照无形资产成本的一定比例在税前摊销。

高新技术企业优惠：如果您单位被认定为高新技术企业，可以享受15％的企业所得税优惠税率。

医疗机构优惠：符合条件的医疗机构提供的医疗服务免征企业所得税。比如对符合相关条件的生产和装配伤残人员专门用品的居民企业，就可以免征企业所得税。

非营利性组织收入免税：根据企业所得税法规定，符合条件的非营利性组织收入为免税收入，如果您所在的医疗机构被认定为非营利性组织的，则对其提供的医疗服务等符合条件的收入免征企业所得税，但并不是取得了非营利组织免税资格就一定免税，只有列举的免税收入才能免税，未列举的，仍属于企业所得税应税收入。

温馨小提示

非营利性组织取得的以下收入属于免税收入：

A. 接受其他单位或者个人捐赠的收入；

B. 除《中华人民共和国企业所得税法》第七条规定的财政拨款以外的其他政府补助收入，但不包括因政府购买服务取得的收入；

C. 按照省级以上民政、财政部门规定收取的会费；

D. 不征税收入和免税收入孳生的银行存款利息收入；

E. 财政部、国家税务总局规定的其他收入。

（3）医疗行业耕地占用税优惠政策

医疗机构占用耕地，免征耕地占用税。免税的医疗机构，具体范围限于县级以上人民政府卫生健康行政部门批准设立的医疗机构内专门从事疾病诊断、治疗活动的场所及其配套设施。但是医疗机构内职工住房占用耕地的，仍需按照当地适用税额缴纳耕地占用税。

（4）医疗行业契税优惠政策

非营利性的医疗机构直接用于医疗的土地、房屋免征契税。享受契税免税优惠的非营利性医疗机构仅限于依法登记为事业单位、社会团体、基金会、社会服务机构等的非营利性组织。其中，医疗机构的具体范围为经县级以上人民政府卫生健康行政部门批准或者备案设立的医疗机构。

（5）医疗行业房产税优惠政策

符合规定的社会办非营利性医疗机构自用的房产，免征房产税。为了支持营利性医疗机构的发展，对营利性医疗机构取得的收入，直接用于改善医疗卫生条件的，自其取得执业登记之日起，3 年内对营利性医疗机构自用的房产，免征房产税，3 年免税期满后恢复征税。

（6）医疗行业城镇土地使用税优惠政策

对符合规定的社会办非营利性医疗机构自用的土地，免征城镇土地使用税。为了支持营利性医疗机构的发展，对营利性医疗机构取得的收入，直接用于改善医疗卫生条件的，自其取得执业登记之日起，3 年内对营利性医疗机构自用的土地，免征城镇土地使用税，3 年免税期满后恢复征税。

6. 养老行业

随着我国人口老龄化的加速，养老问题成为社会关注的焦点。为了鼓励和支持养老产业的发展，国家出台了一系列优惠政策，其中就包括对养老行业的税费优惠。一般来说，养老行业税收优惠政策涉及的税种主要有：增值税、企业所得税、契税、耕地占用税、房产税、城镇土地使用税等。

（1）养老行业增值税优惠政策

养老机构提供的养老服务免征增值税。养老机构，是指依照民政部《养老机构设立许可办法》设立并依法办理登记的为老年人提供集中居住和照料服务的各类养老机构；养老服务，是指上述养老机构按照民政部《养老机构管理办法》的规定，为收住的老年人提供的生活照料、康复护理、精神慰藉、文化娱乐等服务。

你问我答小课堂

问：为社区提供养老服务的机构主要指哪些？

答：为社区提供养老服务的机构，是指在社区依托固定场所设施，采取全托、日托、上门等方式，为社区居民提供养老服务的企业、事业单位和社会组织。

（2）养老行业企业所得税优惠政策

提供社区养老服务取得的收入，在计算企业所得税应纳税所得额时，减按90％计入收入总额。如您单位属于为社区提供养老服务的养老机构，那么您单位提供养老服务取得的收入，在计算企业所得税应纳税所得额时，可以减按90％计入收入总额。如果属于不符合上述条件的收入，则需要全额计入收入总额。

（3）养老行业契税优惠政策

为社区提供养老服务的机构，承受房屋、土地用于提供社区养老服务的，免征契税。这些房屋、土地需要直接用于为老年人提供养护、康复、托管等服务。

温馨小提示

该政策的执行期为 2019 年 6 月 1 日至 2025 年 12 月 31 日。

（4）养老行业耕地占用税优惠政策

自 2019 年 9 月 1 日起，依法登记的养老服务机构占用耕地，免征耕地占用税。免税的养老服务机构是指为老年人提供养护、康复、托管等服务的老年人社会福利机构，具体包括老年社会福利院、养老院（或老人院）、老年公寓、护老院、护养院、敬老院、托老所、老年人服务中心等。

（5）养老行业房产税、城镇土地使用税优惠政策

对政府部门和企事业单位、社会团体以及个人等社会力量投资兴办的福利性、非营利性的老年服务机构自用的房产、土地，暂免征收房产税、城镇土地使用税。

自 2019 年 6 月 1 日至 2025 年 12 月 31 日，为社区提供养老服务的机构自有或其通过承租、无偿使用等方式取得并用于提供社区养老服务的房产、土地，免征房产税、城镇土地使用税。

7. 资源综合利用行业

资源综合利用行业是指通过对废弃资源、再生资源等进行回收、加工和再利用，实现资源的有效利用和环境保护的产业。资源综合利用对提高资源利用效率，保护环境，促进经济增长方式由粗放型向集约型转变，实现资源优化配置和可持续发展具有十分重要的意义。如果您公司业务涉及废物回收、能源回收、再生材料生产、环保技术研发等领域，那么您公司就属于资源综合利用行业。目前，国家对企业开展资源综合利用的税收优惠政策主要涉及增值税、消费税、企业所得税、契税、环境保护税等方面。

▼ 温馨小提示 ▼

资源综合利用主要包括：在矿产资源开采过程中对共生、伴生矿进行综合开发与合理利用；对生产过程中产生的废渣、废液（水）、废气、余热、余压等进行回收和合理利用；对社会生活和消费过程中产生的各种废旧物资进行回收和再生利用。

（1）资源综合利用行业增值税优惠政策

① 如果您公司是一般纳税人，从事再生资源回收并销售，可以选择适用简易计税方法依照3%征收率计算缴纳增值税，或适用一般计税方法计算缴纳增值税。

▶ 温馨小提示 ◀

再生资源，是指在社会生产和生活消费过程中产生的，已经失去原有全部或部分使用价值，经过回收、加工处理，能够使其重新获得使用价值的各种废弃物。其中，加工处理仅限于清洗、挑选、破碎、切割、拆解、打包等改变再生资源密度、湿度、长度、粗细、软硬等物理性状的简单加工，不包括化学性状改变。

划重点

自2024年4月29日起，自然人报废产品出售者向资源回收企业销售报废产品，符合条件的资源回收企业可以向出售者开具发票（即"反向开票"）。

报废产品，是指在社会生产和生活消费过程中产生的，已经失去原有全部或部分使用价值的产品。

出售者，是指销售自己使用过的报废产品或销售收购的报废产品、连续不超过12个月（指自然月）"反向开票"累计销售额不超过500万元（不含增值税）的自然人。

你问我答小课堂

问：我们公司是一般纳税人，主要从事报废机动车回收业务，需要符合什么条件才可以选择适用简易计税方法呢？

答：您公司从事报废机动车回收业务，选择适用简易计税方法时，应符合国家商务主管部门出台的《报废机动车回收管理办法》要求，并取得报废机动车回收拆解企业资质认定证书。

② 除纳税人聘用的员工为本单位或者雇主提供的再生资源回收不征收增值税外，纳税人发生的再生资源回收并销售的业务，均应按照规定征免增值税。

③ 增值税一般纳税人销售自产的资源综合利用产品和提供资源综合利用劳务，可享受增值税即征即退政策。

常见的资源综合利用产品和劳务增值税优惠见表3-3。

表3-3　　　　　常见的资源综合利用产品和劳务增值税优惠

综合利用的资源名称	综合利用产品和劳务名称	技术标准和相关条件	退税比例
垃圾以及利用垃圾发酵产生的沼气	电力、热力	1. 产品燃料80%以上来自所列资源； 2. 纳税人符合《火电厂大气污染物排放标准》（GB 13223—2011）或《生活垃圾焚烧污染控制标准》（GB 18485—2014）规定的技术要求	100%
污水处理厂出水、工业排水（矿井水）、生活污水、垃圾处理厂渗透（滤）液等	再生水	1. 产品原料100%来自所列资源； 2. 产品应达到相关用途的再生水水质标准	70%
废农膜	再生塑料制品、再生塑料颗粒	1. 产品原料70%以上来自所列资源； 2. 纳税人必须通过ISO9000、ISO14000认证	100%
三剩物、次小薪材、农作物秸秆、沙柳、玉米芯	纤维板、刨花板、细木工板、活性炭、生物炭、栲胶、水解酒精、纤维素、木质素、木糖、阿拉伯糖、糠醛、箱板纸	产品原料95%以上来自所列资源	90%

续表

综合利用的资源名称	综合利用产品和劳务名称	技术标准和相关条件	退税比例
垃圾处理、污泥处理处置劳务	—	生活垃圾处理应满足《生活垃圾焚烧污染控制标准》（GB 18485—2014）或《生活垃圾填埋场污染控制标准》（GB 16889—2008）规定的技术要求	70%
污水处理劳务	—	污水经加工处理后符合《城镇污水处理厂污染物排放标准》（GB 18918—2002）规定的技术要求或达到相应的国家或地方水污染物排放标准中的直接排放限值	70%

注：以上仅列举了几个常见的项目，完整优惠目录详见《资源综合利用产品和劳务增值税优惠目录（2022 年版）》。

④ 如果您公司从事《资源综合利用产品和劳务增值税优惠目录（2022 年版）》中的下列特定项目，也可选择适用免征增值税政策（如图 3–18 所示）。

图 3–18　可以选择适用免征增值税的情形

（2）资源综合利用行业消费税优惠政策

① 对利用废弃的动物油和植物油为原料生产的纯生物柴油，免征消费税。

温馨小提示

从 2009 年 1 月 1 日起，对同时符合下列条件的纯生物柴油免征消费税：生产原料中废弃的动物油和植物油用量所占比重不低于 70% 且生产的纯生物柴油符合国家《柴油机燃料调合用生物柴油（BD100）》标准。

废弃的动物油和植物油的范围包括：餐饮、食品加工单位及家庭产生的不允许食用的动植物油脂；利用动物屠宰分割和皮革加工修削的废弃物处理提炼的油脂，以及肉类加工过程中产生的非食用油脂；食用油脂精炼加工过程中产生的脂肪酸、甘油脂及含少量杂质的混合物；油料加工或油脂储存过程中产生的不符合食用标准的油脂。

---

② 纳税人利用废矿物油生产的润滑油基础油、汽油、柴油等工业油料，符合条件的免征消费税。

温馨小提示

纳税人必须取得生态环境部门颁发的《危险废物（综合）经营许可证》，且该证件上核准生产经营范围应包括"利用"或"综合经营"字样。生产经营范围为"综合经营"的纳税人，还应同时提供颁发《危险废物（综合）经营许可证》的生态环境部门出具的能证明其生产经营范围包括"利用"的材料。

（3）资源综合利用行业企业所得税优惠政策

① 如果您公司从事综合利用资源，以《资源综合利用企业所得税优惠目录（2021 年版）》规定的资源作为主要原材料，生产国家非限制和禁止并符合国家和行业相关标准的产品取得的收入，减按 90% 计入企业所得

税的收入总额。

　　同时从事其他项目而取得的非资源综合利用收入，应与资源综合利用收入分开核算，没有分开核算的，不得享受优惠政策。企业从事不符合实施条例和《资源综合利用企业所得税优惠目录（2021年版）》规定范围、条件和技术标准的项目，不得享受资源综合利用企业所得税优惠政策。

你问我答小课堂 ··

　　问：我们公司资源综合利用享受企业所得税优惠，需要备案吗？

　　答：您公司享受优惠事项采取"自行判别、申报享受、相关资料留存备查"的办理方式。符合条件的可以按照《企业所得税优惠事项管理目录（2017年版）》列示的时间自行计算减免税额，并通过填报企业所得税纳税申报表享受税收优惠。同时，按照规定归集和留存相关资料备查。

　　② 企业从事符合条件的公共污水处理、公共垃圾处理、沼气综合开发利用、节能减排技术改造、海水淡化等环境保护、节能节水项目，自项目取得第一笔生产经营收入所属纳税年度起，第一年至第三年免征企业所得税，第四年至第六年减半征收企业所得税。具体优惠目录详见《财政部等四部门关于公布〈环境保护、节能节水项目企业所得税优惠目录（2021年版）〉以及〈资源综合利用企业所得税优惠目录（2021年版）〉的公告》（财政部 税务总局 发展改革委 生态环境部公告2021年第36号）。

温馨小提示

第一笔生产经营收入，是指公共基础设施项目建成并投入运营（包括试运营）后所取得的第一笔主营业务收入。

（4）资源综合利用行业契税优惠政策

如果您公司承受荒山、荒地、荒滩等土地类型，用于农、林、牧、渔业生产的，免征契税。

温馨小提示

您公司承受该土地使用权必须用于农、林、牧、渔业生产，包括栽种防沙治沙的植被。如果您公司改变有关土地用途，不再属于免税范围的，需要补缴已经免征的税款。

（5）资源综合利用行业环境保护税优惠政策

如果您公司综合利用的固体废物，符合国家和地方环境保护标准的，暂予免征环境保护税。

温馨小提示

固体废物作为环境保护税的应税污染物包括四类税目：煤矸石，尾矿，危险废物，冶炼渣、粉煤灰、炉渣、其他固体废物（含半固体、液态废物）。

8. 二手车经销行业

二手车经销行业作为国民经济行业分类的一个重要组成部分，是指专门从事二手车的收购、销售、置换和交易。该行业在当前经济环境下扮演着重要角色，为消费者提供了购买价格相对较低、性价比较高的汽车选择，促进了资源的合理利用和环境的保护。国家对二手车行业的监管政策和税收优惠政策也将进一步推动汽车行业的整体循环利用和可持续发展。如果您是一家二手车经销企业的财务负责人，除了一些普惠性的税收优惠政策，其他有针对性的政策也可以了解一下。

为促进汽车消费，国家出台政策执行至 2027 年底，从事二手车经销的企业销售收购的二手车，由原按照简易办法依 3% 征收率减按 2% 征收增值税的，改为减按 0.5% 征收增值税。那么在适用这项政策时，有以下几个方面您也需要知道。

（1）什么是二手车

二手车，是指从办理完注册登记手续至达到国家强制报废标准之前进行交易并转移所有权的车辆。具体包括汽车（包括三轮汽车、低速载货汽车，即原农用运输车）、挂车和摩托车。

（2）哪些企业可以适用

无论您公司是企业还是个体工商户，是增值税一般纳税人还是小规模纳税人，只要是从事收购二手车再销售的业务，都可以直接适用这个政策，不需要履行税务备案手续。同时该优惠政策只针对二手车经销纳税人，不包括二手车拍卖、经纪、鉴定评估的企业。

（3）怎么计算应纳税额

如果您公司可以适用该项政策，需要按照下列公式计算应缴纳的增值税。

应纳税额 = 含税销售额 ÷（1+0.5%）× 0.5%

你问我答小课堂 ···

问：我们公司是一家从事二手车经销的小规模纳税人，2024 年第一季度销售二手车取得的含税收入是 201 万元，4 月申报期申报第一季度税款时，需要缴纳多少的增值税？

答：如果您公司作为二手车经销企业，销售收购的二手车，可以适用减按0.5%征收增值税政策。因此，您公司第一季度需要缴纳的增值税=201÷（1+0.5%）×0.5%=1（万元）。

（4）如何开具发票

您公司销售收购的二手车时，应当向购买方开具由税务机关监制的二手车销售统一发票，用于办理过户使用。因该种发票不是有效的增值税扣税凭证，为维护购买方纳税人的进项抵扣权益，除按规定开具二手车销售统一发票外，购买方（个人除外）索取增值税专用发票的，也应当再为其开具征收率为0.5%的增值税专用发票。

温馨小提示

自2022年10月1日起，对已备案的汽车销售企业从自然人处购进二手车的，允许企业反向开具二手车销售统一发票并凭此办理转移登记手续。

你问我答小课堂

问：我们公司是一家二手车经销企业，受托代销二手车，可以开具二手车销售统一发票吗？

答：您公司作为二手车经销企业，受托代理销售二手车，仅收取手续费的，向委托方开具手续费收入的增值税发票，不得自行开具二手车销售统一发票，应由二手车交易市场开具二手车销售统一发票。

9.互联网行业

互联网行业是以信息通信技术和互联网平台为基础的产业领域，涵盖广泛的业务和服务。主要包括传统的互联网企业和"互联网+"行业。包括但不限于软件开发、互联网推广、综合性电商平台。互联网行业是一个充满活力和创新的领域，不仅改变了人们的生活方式，也对经济发展产生了深远的影响。随着技术的不断进步，互联网行业将继续在全球范围内扩展其影响力，并为社会带来更多的变革。

本部分所称的互联网行业主要是指软件行业、电子商务平台，其他互联网企业涉及的特殊优惠政策相对较少，主要适用于小规模纳税人、小型微利企业、高新技术企业等普惠性税收优惠政策。互联网行业主要涉及的税收优惠政策包括增值税、企业所得税、印花税等。下面将分别进行介绍。

（1）互联网行业增值税优惠政策

① 您公司如果是增值税一般纳税人，销售自行开发的软件产品，按13％税率征收增值税后，对您公司增值税实际税负超过3％的部分实行即征即退政策。

增值税一般纳税人将进口软件产品进行本地化改造后对外销售，其销售的软件产品可享受上述增值税即征即退政策。本地化改造是指对进口软件产品进行重新设计、改进、转换等，单纯对进口软件产品进行汉字化处理不包括在内。

―――――――― 温馨小提示 ――――――――

符合条件的软件企业按照《财政部 国家税务总局关于软件产品增值税政策的通知》（财税〔2011〕100号）规定取得的即征即退增值税款，由企业专项用于软件产品研发和扩大再生产并单独进行核算，可以作为不征税收入，在计算企业所得税应纳税所得额时从收入总额中减除。

你问我答小课堂

问：我们公司的主要业务是受托开发软件产品，需要缴纳增值税吗？

答：您公司受托开发软件产品的，著作权属于受托方的征收增值税，著作权属于委托方或属于双方共同拥有的不征收增值税。对经过国家版权局注册登记，在销售时一并转让著作权、所有权的，不征收增值税。

② 您公司如果是软件企业一般纳税人，那么您公司销售软件产品并随同销售一并收取的软件安装费、维护费、培训费等收入，应按照增值税混合销售的有关规定征收增值税，并可享受软件产品增值税即征即退政策。

（2）互联网行业企业所得税优惠政策

① 软件企业"两免三减半"

依法成立且符合条件的集成电路设计企业和软件企业，在2019年12月31日前自获利年度起计算优惠期，第一年至第二年免征企业所得税，第三年至第五年按照25%的法定税率减半征收企业所得税，并享受至期满为止。

国家鼓励的集成电路设计、装备、材料、封装、测试企业和软件企业，自获利年度起，第一年至第二年免征企业所得税，第三年至第五年按照25%的法定税率减半征收企业所得税。

你问我答小课堂

问：我们企业既有软件企业资质，同时又是国家级高新技术企业，那么我们企业的企业所得税适用税率是多少？

答：此种情况可由企业选择一项最优惠的政策执行，不叠加享受。如果您企业处于软件企业"三减半"征收企业所得税期间，企业的所得税适用税率可以选择适用高新技术企业的 15% 税率，也可以选择依照 25% 的法定税率减半征税，但不能享受 15% 税率的减半征税。

温馨小提示

国家鼓励的集成电路设计、装备、材料、封装、测试企业和软件企业条件，由工业和信息化部会同国家发展改革委、财政部、税务总局等相关部门制定。国家鼓励的重点集成电路设计和软件企业清单由国家发展改革委、工业和信息化部会同财政部、税务总局等相关部门制定。

获利年度，是指软件企业开始生产经营后，第一个应纳税所得额大于零的纳税年度，包括对企业所得税实行核定征收方式的纳税年度。

你问我答小课堂

问：我们公司是一家软件企业，符合企业所得税"两免三减半"的条件，同时符合小型微利企业的条件，我们公司可以叠加享受这些优惠政策吗？

答：您公司作为软件企业，按照规定可以享受的"两免三减半"的企业所得税优惠政策，与企业所得税其他相同方式优惠政策存在交叉的，由企业选择一项最优惠政策执行，不叠加享受。

②企业外购软件摊销年限缩短

企业外购的软件，凡符合固定资产或无形资产确认条件的，可以按照固定资产或无形资产进行核算，其折旧或摊销年限可以适当缩短，最短可为2年（含）。

无形资产的摊销年限不得低于10年。作为投资或者受让的无形资产，有关法律规定或者合同约定了使用年限的，可以按照规定或者约定的使用年限分期摊销。摊销年限一经确定，不得随意变更。

③ 集成电路设计企业和符合条件软件企业的职工培训费扣除政策

集成电路设计企业和符合条件软件企业的职工培训费用，应单独进行核算并按实际发生额在计算应纳税所得额时扣除。

软件生产企业发生的职工教育经费中的职工培训费用，根据《财政部 国家税务总局关于企业所得税若干优惠政策的通知》（财税〔2008〕1号）规定，可以全额在企业所得税税前扣除。

温馨小提示

集成电路设计企业和符合条件软件企业的职工培训费用，应单独进行核算并按实际发生额在计算企业所得税应纳税所得额时扣除。

（3）互联网行业印花税优惠政策

个人与电子商务经营者订立的电子订单，免征印花税。享受印花税免税优惠的电子商务经营者，具体范围按《中华人民共和国电子商务法》有关规定执行。

10. 批发零售行业

批发零售行业涵盖了商品的批发活动和零售活动。批发业，是指批发商向批发、零售单位及其他企业、事业、机关批量销售生活用品和生产资料的活动，以及从事进出口贸易和贸易经纪与代理的活动。零售业，是指从工农业生产者、批发贸易业或居民购进商品，转卖给城乡居民作为生活消费和售给社会集团作为公共消费的商品流通企业。批发零售业在中国经济中扮演着至关重要的角色，不仅为消费者提供了丰富的商品和服务，也为经济发展贡献了巨大的内需动力。随着技术的进步和市场的不断变化，该行业将持续经历结构调整和创新发展，以适应新的市场需求和竞争环境。

本部分所称的批发零售行业主要是指批发业和零售业。批发零售行业主要涉及的税收优惠政策包括增值税、房产税、城镇土地使用税、印花税等。下面将分别进行介绍。

（1）批发零售行业增值税优惠政策

① 免征增值税

批发零售行业免征增值税的情形如图 3-19 所示。

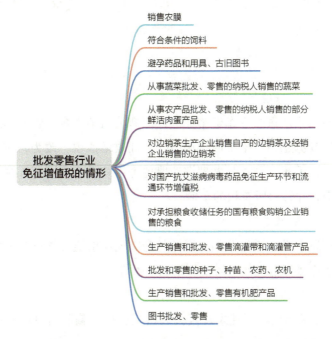

图 3-19　批发零售行业免征增值税的情形

批发零售行业的公司，从事上述符合条件的业务，可以享受免征增值税的相关政策，可以按照规定开具免税增值税普通发票，但不得开具增值税专用发票。

▼ 温馨小提示 ▼

　　享受上述免税政策的有机肥产品是指有机肥料、有机—无机复混肥料和生物有机肥。

　　有机肥料指来源于植物和（或）动物，施于土壤以提供植物营养为主要功能的含碳物料。

　　有机—无机复混肥料指由有机和无机肥料混合和（或）化合制成的含有一定量有机肥料的复混肥料。

　　生物有机肥指特定功能微生物与主要以动植物残体（如禽畜粪便、农作物秸秆等）为来源并经无害化处理、腐熟的有机物料复合而成的一类兼具微生物肥料和有机肥效应的肥料。

② 简易征收增值税

　　您公司如果从事二手车经销业务，那您公司销售自己收购的二手车，由原按照简易办法依 3% 征收率减按 2% 征收增值税，改为减按 0.5% 征收增值税。二手车，是指从办理完注册登记手续至达到国家强制报废标准之前进行交易并转移所有权的车辆。

③ 增值税留抵退税

　　您公司属于批发零售业的，可按月全额退还增值税增量留抵税额，并一次性退还存量留抵税额。需要满足以下条件：

　　A. 纳税信用等级为 A 级或者 B 级；

　　B. 申请退税前 36 个月未发生骗取留抵退税、骗取出口退税或虚开增值税专用发票情形；

　　C. 申请退税前 36 个月未因偷税被税务机关处罚两次及以上；

　　D. 2019 年 4 月 1 日起未享受即征即退、先征后返（退）政策。

你问我答小课堂 ··

问：我们公司在2024年2月申报期内同时申报了免抵退和留抵退税，税务机关在办理时是否会有先后顺序？

答：您的公司既申报免抵退税又申请办理留抵退税的，税务机关应先办理免抵退税。办理免抵退税后，您公司仍符合留抵退税条件的，再办理留抵退税。

（2）批发零售行业房产税优惠政策

① 对农产品批发市场、农贸市场（包括自有和承租）专门用于经营农产品的房产，暂免征收房产税。对同时经营其他产品的农产品批发市场和农贸市场使用的房产，按其他产品与农产品交易场地面积的比例确定征免房产税。

② 对商品储备管理公司及其直属库自用的承担商品储备业务的房产，免征房产税。

（3）批发零售行业城镇土地使用税优惠政策

① 对农产品批发市场、农贸市场（包括自有和承租）专门用于经营农产品的土地，暂免征收城镇土地使用税。对同时经营其他产品的农产品批发市场和农贸市场使用的土地，按其他产品与农产品交易场地面积的比例确定征免城镇土地使用税。

② 对商品储备管理公司及其直属库自用的承担商品储备业务的土地，免征城镇土地使用税。

（4）批发零售行业印花税优惠政策

① 对商品储备管理公司及其直属库资金账簿免征印花税；对其承担商品储备业务过程中书立的购销合同免征印花税，对合同其他各方当事人应缴纳的印花税照章征收。

② 农民、家庭农场、农民专业合作社、农村集体经济组织、村民委员会购买农业生产资料或者销售农产品书立的买卖合同和农业保险合同免征印花税。

11. 建筑行业

建筑行业指的是国民经济中专门从事建筑安装工程的勘察、设计、施工以及维修活动的各类企业。其不仅涉及房屋建筑和基础设施建设，还包括了相关的勘察设计、装饰装修等多元化的服务，在促进经济增长、缓解社会就业压力、推进新型城镇化建设以及保障和改善人民生活等方面发挥着重要作用。

本部分所称的建筑行业主要包括建筑施工、建筑安装、建筑装饰等。建筑行业主要涉及的税收优惠政策包括增值税、房产税，下面将分别进行介绍。

（1）建筑行业增值税优惠政策

① 增值税即征即退

自 2015 年 7 月 1 日起，对纳税人销售自产的列入《财政部 国家税务总局关于新型墙体材料增值税政策的通知》（财税〔2015〕73 号）所附《享受增值税即征即退政策的新型墙体材料目录》的新型墙体材料，实行增值税即征即退 50% 的政策。

▼温馨小提示▶

纳税人销售自产的《享受增值税即征即退政策的新型墙体材料目录》所列新型墙体材料，其申请享受规定的增值税优惠政策时，应同时符合下列条件：

A. 销售自产的新型墙体材料，不属于国家发展和改革委员会《产业结构调整指导目录》中的淘汰类、限制类项目。

B. 销售自产的新型墙体材料，不属于环境保护部《环境保护综合名录》中的"高污染、高环境风险"产品或者重污染工艺。（"高污染、高环境风险"产品，是指在《环境保护综合名录》中标注特性为"GHW/GHF"的产品，但纳税人生产销售的资源综合利用产品满足

"GHW/GHF"例外条款规定的技术和条件的除外。）

　　C.纳税信用等级不属于税务机关评定的 C 级或 D 级。

　　纳税人销售自产的资源综合利用产品和提供资源综合利用劳务，可享受增值税即征即退政策。具体综合利用的资源名称、综合利用产品和劳务名称、技术标准和相关条件、退税比例等按照《资源综合利用产品和劳务增值税优惠目录（2022 年版）》的相关规定执行。在目录中建筑行业常见的有：

　　A.利用废渣生产砖瓦（不含烧结普通砖）、砌块、陶粒、墙板、管材（管桩）、混凝土、砂浆、道路井盖、道路护栏、防火材料、耐火材料（镁铬砖除外）、保温材料、矿（岩）棉、微晶玻璃、U 型玻璃，产品原料 70% 以上来自废渣，单独核算的，享受先征后退 70%。

　　B.利用建（构）筑废物、煤矸石生产建筑砂石骨料，产品原料 90% 以上来自建（构）筑废物、煤矸石；产品以建（构）筑废物为原料的，符合《混凝土用再生粗骨料》（GB/T 25177—2010）或《混凝土和砂浆用再生细骨料》（GB/T 25176—2010）的技术要求；以煤矸石为原料的，符合《建设用砂》（GB/T 14684—2011）或《建设用卵石、碎石》（GB/T 14685—2011）规定的技术要求，单独核算的，享受先征后退 50%。

━━◆ 温馨小提示 ◆━━

　　若您公司符合条件，在办理退税事宜时，应向主管税务机关提供您公司符合财税〔2015〕73 号文件第二条所规定条件的书面声明材料，未提供书面声明材料或者出具虚假材料的，税务机关不得给予退税。

　　② 增值税简易计税

　　您公司如果是建筑业的增值税一般纳税人，销售自产的下列货物，可选择按照简易办法依照 3% 的征收率计算缴纳增值税：

A.建筑用和生产建筑材料所用的砂、土、石料；

B.以自己采掘的砂、土、石料或其他矿物连续生产的砖、瓦、石灰（不含粘土实心砖、瓦）；

C.商品混凝土（仅限于以水泥为原料生产的水泥混凝土）。

您公司如果是建筑业的增值税一般纳税人，提供下列建筑服务可选择适用简易计税：

A.以清包工方式提供的建筑服务；

B.为甲供工程提供的建筑服务；

C.为建筑工程老项目提供的建筑服务。

你问我答小课堂

问：我们是一家建筑公司，是增值税一般纳税人，建筑工程老项目是怎么确定的？

答：建筑工程老项目，是指《建筑工程施工许可证》注明的合同开工日期在2016年4月30日前的建筑工程项目；未取得《建筑工程施工许可证》的，建筑工程承包合同注明的开工日期在2016年4月30日前的建筑工程项目；《建筑工程施工许可证》未注明合同开工日期，但建筑工程承包合同注明的开工日期在2016年4月30日前的建筑工程项目。

温馨小提示

您公司如果销售自产或外购机器设备（含电梯）的同时提供安装服务，已经分别核算机器设备和安装服务的销售额的，对于安装服务可以按照甲供工程选择适用简易计税方法计税。

您公司如果销售活动板房、钢结构件等自产货物的同时提供建筑、安装服务，不属于混合销售，应分别核算货物和建筑服务的销售额，分别适用不同的税率或者征收率。

③ 境外提供建筑服务免征增值税

您公司提供工程项目在境外的建筑服务免征增值税，工程总承包方和工程分包方为施工地点在境外的工程项目提供的建筑服务，均属于工程项目在境外的建筑服务。

温馨小提示

境内的单位和个人为施工地点在境外的工程项目提供建筑服务，办理免税备案手续时，凡与发包方签订的建筑合同注明施工地点在境外的，可不再提供工程项目在境外的其他证明材料。

纳税人提供建筑服务，被工程发包方从应支付的工程款中扣押的质押金、保证金，未开具发票的，以纳税人实际收到质押金、保证金的当天为纳税义务发生时间。

（2）建筑行业房产税优惠政策

凡是在基建工地为基建工地服务的各种工棚、材料棚、休息棚和办公室、食堂、茶炉房、汽车房等临时性房屋，不论是施工企业自行建造还是由基建单位出资建造交施工企业使用的，在施工期间，一律免征房产税。

温馨小提示

符合规定的临时设施必须为基建工地服务，同时必须处于施工期间的临时设施。如果基建工程结束，临时性建筑物归基建单位使用，则须从基建单位使用的次月起缴纳房产税。

12. 交通运输行业

交通运输行业是国民经济的重要组成部分，其涵盖了使用各种运输工具将货物或乘客从一个地点转移到另一个地点的所有业务活动。主要包括陆路运输服务、水路运输服务、航空运输服务和管道运输服务等。交通运输业不仅是连接产业、区域、城乡的重要纽带，也是推动经济社会发展的关键力量。

交通运输行业主要涉及的税收优惠政策包括增值税、城镇土地使用税，下面将分别进行介绍。

（1）交通运输行业增值税优惠政策

① 如果您公司是一般纳税人，提供管道运输服务，您公司可以享受对增值税实际税负超过 3% 的部分实行即征即退优惠政策。

② 如果您公司是一般纳税人，提供公共交通运输服务，可以选择适用简易计税方法计算缴纳增值税。

▼ 温馨小提示 ▼

公共交通运输服务，包括轮客渡、公交客运、地铁、城市轻轨、出租车、长途客运、班车。

③ 如果您公司购进国内旅客运输服务，其进项税额允许从销项税额中抵扣。

④ 如果您公司提供直接或者间接国际货物运输代理服务，免征增值税。

⑤ 如果您公司提供国际运输服务、航天运输服务，适用增值税零税率。

（2）交通运输行业城镇土地使用税优惠政策

① 如果您公司是物流企业，自 2023 年 1 月 1 日至 2027 年 12 月 31 日，您公司自用（包括自用和出租）或承租的大宗商品仓储设施用地，减按所属土地等级适用税额标准的 50% 计征城镇土地使用税。

温馨小提示

物流企业，是指至少从事仓储或运输一种经营业务，为工农业生产、流通、进出口和居民生活提供仓储、配送等第三方物流服务，实行独立核算、独立承担民事责任，并在市场监管部门注册登记为物流、仓储或运输的专业物流企业。

大宗商品仓储设施，是指同一仓储设施占地面积在 6000 平方米及以上，且主要储存粮食、棉花、油料、糖料、蔬菜、水果、肉类、水产品、化肥、农药、种子、饲料等农产品和农业生产资料，煤炭、焦炭、矿砂、非金属矿产品、原油、成品油、化工原料、木材、橡胶、纸浆及纸制品、钢材、水泥、有色金属、建材、塑料、纺织原料等矿产品和工业原材料的仓储设施。

仓储设施用地，包括仓库库区内的各类仓房（含配送中心）、油罐（池）、货场、晒场（堆场）、罩棚等储存设施和铁路专用线、码头、道路、装卸搬运区域等物流作业配套设施的用地。

你问我答小课堂

问：我们属于物流企业，我们企业的办公区可以享受减征城镇土地使用税政策吗？

答：物流企业的办公、生活区用地及其他非直接用于大宗商品仓储的土地，不属于规定的减税范围，应按规定征收城镇土地使用税。

② 对城市公交站场、道路客运站场、城市轨道交通系统运营用地，免征城镇土地使用税。

二、重点人群

1. 残疾人

如果您单位安置了残疾人就业，那么可能会享受到相关税费优惠政策，包含增值税、企业所得税、个人所得税、城镇土地使用税、残疾人就业保障金等多个方面。

（1）安置残疾人就业增值税优惠政策

如果您单位安置了残疾人，可以享受限额即征即退增值税的优惠，具体可退还的增值税需要根据您单位所安置的残疾人的人数确定。安置的每位残疾人每月可退还的增值税具体限额，由县级以上税务机关根据纳税人所在区县（含县级市、旗）适用的经省（含自治区、直辖市、计划单列市）人民政府批准的月最低工资标准的 4 倍确定。

本期应退增值税税额 ＝ 本期所含月份每月应退增值税税额之和

月应退增值税税额 ＝ 本月安置残疾人员人数 × 本月月最低工资标准的 4 倍

你问我答小课堂 ··

问：我们单位招用了多名残疾人，想要享受该政策需要满足哪些条件呢？

答：①如果您单位不是盲人按摩机构，月安置的残疾人占在职职工人数的比例应不低于 25%（含 25%），并且安置的残疾人人数不能少于 10 人（含 10 人）；如果您单位属于盲人按摩机构，占比也是要不低于 25%（含 25%），但安置人数不少于 5 人（含 5 人）就可以哟。

②您单位需要与每位残疾人签订 1 年以上（含 1 年）的劳动合同或服务协议。

③您单位需要为每位残疾人按月足额缴纳基本养老保险、基本医疗保险、失业保险、工伤保险和生育保险等社会保险。

④您单位向每位残疾人支付的每月工资，应不低于所在地区的月最低工资标准。

温馨小提示

如果您单位属于特殊教育学校举办的企业，只要残疾人数量和占比符合要求就能够享受增值税优惠政策哟。并且在企业上岗工作的特殊教育学校的全日制在校学生也可以作为在职职工残疾人计算在内。

你问我答小课堂

问：我公司为增值税一般纳税人，符合安置残疾人优惠政策的各项条件，今年1月应缴纳的增值税税额为12万元，2月应缴纳的增值税税额为7万元。根据政策规定，每月可退还的增值税税额为10.56万元，多出来的部分可以结转到下个月退还吗？

答：是可以结转的。根据规定，当符合条件的纳税人本期已缴增值税大于本期应退税额时，不足退还的部分可在本纳税年度内以前纳税期已缴增值税扣除已退增值税的余额中退还，仍不足退还的可结转本纳税年度内以后纳税期退还，但不得结转以后年度退还。因此，2月限额未用尽部分3.56万元（10.56－7）可以先扣除1月应缴增值税扣除已退增值税的余额1.44万元（12－10.56），仍结余2.12万元（3.56－1.44）未能退还，这部分可结转本年度内以后纳税期继续退还。

拓展延伸

① 如果您单位的纳税信用等级是 C 级或 D 级，是不能享受增值税即征即退优惠的。

② 如果您单位不符合享受条件，或者采用伪造或重复使用残疾人证、残疾军人证等手段骗取了相关优惠，需要全额追缴已享受到的退税金额，并且在发现的当月起 36 个月内停止享受相关优惠。

（2）安置残疾人就业企业所得税优惠政策

如您单位安置了残疾人员，可在企业所得税预缴申报时据实扣除支付给残疾职工的工资；同时在年度终了进行企业所得税年度汇算清缴时，可按照支付给残疾职工工资的 100% 加计扣除。

你问我答小课堂

问：我们公司安置有残疾人员，若享受安置残疾人就业企业所得税优惠政策需要满足哪些条件呢？

答：① 您单位需要依法与安置的每位残疾人签订 1 年以上（含 1 年）的劳动合同或服务协议，并且在您单位实际上岗工作。

② 您单位需要为安置的每位残疾人按月足额缴纳基本养老保险、基本医疗保险、失业保险和工伤保险等社会保险。

③ 您单位向每位残疾人实际支付的工资，应不低于单位所在地区的最低工资标准。

④ 您单位需要具备安置残疾人上岗工作的基本设施。

（3）安置残疾人就业个人所得税优惠政策

如果您属于残疾人士，您所获取的劳动所得是可以享受个人所得税减征优惠的。劳动所得包含工资、薪金所得，个体工商户的生产经营所得，对企事业单位的承包经营、承租经营所得，劳务报酬所得，稿酬所得，特许权使用费所得。

温馨小提示

① 减征的具体幅度和期限，由省、自治区、直辖市人民政府规定，个别省份已实现了免征。

② 残疾人员投资兴办或参与投资兴办个人独资企业和合伙企业的，取得的生产经营所得，符合减征个人所得税条件的，可以在规定范围内享受个人所得税减征。

（4）安置残疾人就业城镇土地使用税优惠政策

如果您单位安置的残疾人月平均数量在一个纳税年度达到单位在职职工总数的 25%（含）以上，且实际安置残疾人人数高于 10 人（含），那么恭喜您，可以享受城镇土地使用税的减征或免征。具体减免比例及管理办法由省、自治区、直辖市财税主管部门确定。

（5）残疾人就业保障金优惠政策

您单位安排残疾人就业达到一定比例和人数的，将享受残疾人就业保障金优惠。

温馨小提示

具体分档减征、免征的政策如下：

① 残疾人就业比例达到 1%（含）以上，但未达到规定比例的，按应缴费额的 50% 缴纳残疾人就业保障金。

② 残疾人就业比例在 1% 以下的，按应缴费额的 90% 缴纳残疾人就业保障金。

---

③ 在职职工人数在 30 人（含）以下的企业，免征残疾人就业保障金。

2.退役士兵

如果您是退役士兵，选择了自主就业方式创业就业，那么对您创办的个体工商户或者任职的公司，国家出台了有关税收政策进行扶持。

（1）退役士兵从事个体经营优惠政策

如果您是自主就业退役士兵从事个体经营，自 2023 年 1 月 1 日至 2027 年 12 月 31 日，自办理个体工商户登记当月起，在 3 年（36 个月，下同）内实际应缴纳的增值税、城市维护建设税、教育费附加、地方教育附加和个人所得税可以享受限额扣减。

每年扣减限额为 20000 元，且仅限一人一户扣减，限额标准是可上浮的，最高为 20%，也就是 24000 元，由各省、自治区、直辖市人民政府根据实际情况确定具体限额标准。

温馨小提示

① 年度应缴纳税款小于上述扣减限额的，减免税额以实际缴纳的税款为限；大于上述扣减限额的，以上述扣减限额为限。也就是哪个小就扣减哪个哟。

② 如果营业执照变更登记后新的法人属于退役士兵的，可以从变更后，开始享受税费扣减优惠；但是如果您开办的是个人独资企业、合伙企业等，是不得享受扣减优惠的哟；如果您一人开办多家个体工商户，也只能选择一家个体工商户享受税费限额扣减政策。

你问我答小课堂

问：我从事个体经营实际期限不满1年，应如何计算减免限额？

答：实际经营期不足1年的，应当按月换算其减免税限额。

换算公式为：减免税限额＝年度减免税限额 ÷12× 实际经营月数。

（2）企业招用自主就业退役士兵优惠政策

如果您公司招用自主就业退役士兵，并与其签订1年以上期限劳动合同并依法缴纳社会保险费的，自签订劳动合同并缴纳社会保险当月起，可以扣减当年实际应缴纳的增值税、城市维护建设税、教育费附加、地方教育附加和企业所得税。定额扣减税额为3年内按实际招用人数每人每年6000元，最高是可以上浮50％的，由各省、自治区、直辖市人民政府根据实际情况确定具体定额标准。

温馨小提示

① 年度应缴纳税款小于上述扣减限额的，减免税额以实际缴纳的税款为限；大于上述扣减限额的，以上述扣减限额为限。也就是哪个小就扣减哪个哟。

② 纳税年度终了，如果企业实际减免的增值税、城市维护建设税、教育费附加和地方教育附加小于核算减免税总额，企业在企业所得税汇算清缴时以差额部分扣减企业所得税。当年扣减不完的，不再结转以后年度扣减。

你问我答小课堂

问：今年退伍季我公司招用了4名自主就业退役士兵，若享受自主就业退役士兵优惠政策需要满足哪些条件呢？

答：① 您公司招用的退役士兵是依照《退役军人安置条例》的规定退出现役并按自主就业方式安置的退役士兵。

② 您公司应该属于增值税纳税人或企业所得税纳税人的企业。

③ 您公司需要与这4名自主就业退役士兵签订1年以上期限劳动合同并依法缴纳社会保险费。

3. 高校毕业生和脱贫、失业人口

如果您属于高校毕业生和脱贫、失业人口，对您办理登记的个体工商户或者任职的企业，国家出台了相关优惠政策支持您创业就业。

（1）高校毕业生和脱贫、失业人口从事个体经营优惠政策

如果您从事个体经营，自办理个体工商户登记当月起，在3年（36个月）内实际应缴纳的增值税、城市维护建设税、教育费附加、地方教育附加和个人所得税可享受每户每年20000元限额扣减，限额标准最高可上浮20%，根据本地区实际情况确定具体限额标准。如果您年度应缴纳税款小于上述扣减限额的，减免税额以其实际缴纳的税款为限；大于上述扣减限额的，以上述扣减限额为限。

你问我答小课堂

问：高校毕业生、脱贫、失业人口具体包括哪些呢？

答：① 纳入全国防止返贫监测和衔接推进乡村振兴信息系统的脱贫人口；

② 在人力资源社会保障部门公共就业服务机构登记失业半年以上的人员；

③ 零就业家庭、享受城市居民最低生活保障家庭劳动年龄内的登记失业人员；

④ 毕业年度内高校毕业生。

（2）企业招用脱贫人口、失业人员优惠政策

如果您单位招用脱贫人口、失业人员，自签订劳动合同并缴纳社会保险当月起，您所缴纳的增值税、城市维护建设税、教育费附加、地方教育附加和企业所得税在 3 年内可享受每人每年 6000 元定额扣除标准，并且最高可上浮 30%，由各省、自治区、直辖市人民政府根据本地区实际情况确定具体定额标准。

你问我答小课堂

问：如果我们公司税收扣减额在当年扣减不完的，是否可以结转下年使用？

答：是不可以结转到下年的，税收扣减额应在企业当年实际应缴纳的相关税额中扣减，当年扣减不完的，不得结转下年使用。

温馨小提示

① 您公司招用就业人员适用多项扶持就业专项税收优惠政策的，您公司可以选择适用最优惠的政策，但不得重复享受。

② 您公司享受的税收优惠政策未满 3 年的，可继续享受至 3 年期满为止。以前年度已享受满 3 年的，不得再享受。

③ 如果您公司在政策发布之日前已办理注销，对于减征的税费，在政策发布前已征收的，不再追溯享受。

拓展延伸

如果您公司既适用促进残疾人就业增值税优惠政策，又适用重点群体、退役士兵等支持就业的增值税优惠政策的，您公司可自行选择适用的优惠政策，但不能累加执行。一经选定，36 个月内不得变更哟。

三、特殊业务

1.单位出租房屋涉及税费

（1）增值税

纳税人出租房屋取得的收入按"现代服务——租赁服务"缴纳增值税。单位出租房屋计税方法及税率见表3-4。

表 3-4 　　　　　　　　　　单位出租房屋计税方法及税率

纳税人	取得时间	计税方法	税率或征收率
一般纳税人	2016 年 4 月 30 日前	简易计税	5%
		一般计税	9%
	2016 年 5 月 1 日后	一般计税	9%
小规模纳税人	不区分取得时间	简易计税（单位和个体工商户出租不动产，住房除外）	5%
		简易计税（个体工商户出租住房）	5% 的征收率减按 1.5%
		简易计税（住房租赁企业向个人出租住房）	自 2021 年 10 月 1 日起，按照 5% 的征收率减按 1.5% 计算缴纳增值税

（2）城市维护建设税及附加

以实际缴纳的增值税为计税依据，再乘以相应的税率或费率，具体的税费率如下：

①城市维护建设：市区 7%，县城（镇）5%，其他 1%。

②教育费附加：3%。

③ 地方教育附加：2%。

（3）企业所得税

① 区分查账征收和核定征收两种征收方式。

查账征收的单位，企业每一纳税年度的收入总额，减除不征税收入、免税收入、各项扣除以及允许弥补的以前年度亏损后的余额，为应纳税所得额。企业的应纳税所得额乘以适用税率，减除依照《中华人民共和国企业所得税法》关于税收优惠的规定减免和抵免的税额后的余额，为应纳税额。

核定应税所得率征收的单位，租金收入根据其主营项目确定适用的应税所得率征收。

② 租金收入，按照合同约定的承租人应付租金的日期确认收入的实现。如果交易合同或协议中规定租赁期限跨年度，且租金提前一次性支付的，根据《中华人民共和国企业所得税法实施条例》第九条规定的收入与费用配比原则，出租人可对上述已确认的收入，在租赁期内，分期均匀计入相关年度收入。

（4）房产税

企业出租房屋，以房产租金收入为房产税的计税依据，税率为12%；对企事业单位、社会团体以及其他组织向个人、专业化规模化住房租赁企业出租住房的，减按4%的税率征收房产税。

（5）城镇土地使用税

城镇土地使用税每平方米年税额如下：

① 大城市1.5元至30元；

② 中等城市1.2元至24元；

③ 小城市0.9元至18元；

④ 县城、建制镇、工矿区0.6元至12元。

根据实际占用的土地面积，适用当地的土地等级对应的税额标准计征城镇土地使用税。具体土地等级和税额标准咨询当地税务机关。

（6）印花税

企业出租房屋，需按财产租赁合同缴纳印花税，税率为千分之一。

（7）减免规定

自2023年1月1日至2027年12月31日，对增值税小规模纳税人、小型微利企业和个体工商户减半征收资源税（不含水资源税）、城市维护建设税、房产税、城镇土地使用税、印花税（不含证券交易印花税）、耕地占用税和教育费附加、地方教育附加。

举个例子

2023年6月底，一般纳税人A公司将一套位于市区的2016年4月30日前取得的写字楼出租给B公司，面积是500平方米，租期半年（2023年7月1日—2023年12月31日），合同约定采取租金一次性付清的方式，共计收取租金90000元。那么，对于该笔租金收入，A公司需要缴纳多少税款？（假设A公司采用简易计税方式，增值税税率为5%，不属于小微企业，也不属于个体工商户，城镇土地使用税单位税额是每平方米年税额10元）

①增值税：

A公司收取半年租金共计90000元，应缴增值税=90000÷（1+5%）×0.05=4285.71（元）。

②城市维护建设税及附加税费=4285.71×（7%+3%+2%）=514.29（元）

③印花税=90000÷（1+5%）×0.001=85.71（元）

④城镇土地使用税=500×10÷12×6=2500.00（元）

⑤房产税=90000÷（1+5%）×12%=10285.71（元）

⑥企业所得税：并入收入进行核算。

2.单位销售不动产涉及税费

（1）增值税

单位销售不动产计税方法及税率见表3–5。

表 3-5 单位销售不动产计税方法及税率

纳税人	取得时间	取得方式	计税方法	销售额	税率征收率
一般纳税人	2016 年 4 月 30 日之前	非自建	简易计税	以取得的全部价款和价外费用扣除不动产购置原价或者取得不动产时的作价后的余额为销售额	5%
		非自建	一般计税	取得的全部价款和价外费用	9%
		自建	简易计税	取得的全部价款和价外费用	5%
		自建	一般计税	取得的全部价款和价外费用	9%
	2016 年 5 月 1 日之后	非自建	一般计税	取得的全部价款和价外费用	9%
		自建	一般计税	以取得的全部价款和价外费用为销售额	9%
小规模纳税人	不区分不动产取得时间	非自建	简易计税	以取得的全部价款和价外费用扣除不动产购置原价或者取得不动产时的作价后的余额	5%
		自建	简易计税	取得的全部价款和价外费用	5%

（2）城市维护建设税及附加

以实际缴纳的增值税税额和消费税税额为计税依据，再乘以相应的税率或费率，具体的税（费）率如下：

① 城市维护建设税：市区 7%，县城（镇）5%，其他 1%。

② 教育费附加：3%。

③ 地方教育附加：2%。

（3）土地增值税

纳税人转让房地产所取得的收入减除规定扣除项目金额后的增值额，按照 30%—60% 的四级超率累进税率缴纳土地增值税。

（4）企业所得税

区分查账征收和核定征收两种征收方式。

① 查账征收：企业转让不动产收入扣除转让过程中缴纳的相关税费、发生的清理费用、不动产计税基础后为转让所得或损失，依据会计核算要求计算利润总额。

② 核定征收：转让财产收入根据其主营项目确定适用的应税所得率征收。

（5）印花税

订立的产权转移书据按价款的万分之五计算缴纳印花税。

（6）减免规定

自 2023 年 1 月 1 日至 2027 年 12 月 31 日，对增值税小规模纳税人、小型微利企业和个体工商户减半征收资源税（不含水资源税）、城市维护建设税、房产税、城镇土地使用税、印花税（不含证券交易印花税）、耕地占用税和教育费附加、地方教育附加。

3.建筑服务增值税政策

（1）建筑服务基本规定

建筑服务，是指各类建筑物、构筑物及其附属设施的建造、修缮、装饰，线路、管道、设备、设施等的安装以及其他工程作业的业务活动。包括工程服务、安装服务、修缮服务、装饰服务和其他建筑服务。

建筑服务计税方法及税率见表 3-6。

表 3-6　　　　　　　　建筑服务计税方法及税率

纳税人	计税方法	税率或征收率	
一般纳税人	一般计税	9%	
	简易计税	3%	清包工：是指施工方不采购建筑工程所需的材料或只采购辅助材料，并收取人工费、管理费或者其他费用的建筑服务

纳税人	计税方法	税率或征收率	
一般纳税人	简易计税	3%	甲供工程：是指全部或部分设备、材料、动力由工程发包方自行采购的建筑工程
			建筑工程老项目：是指《建筑工程施工许可证》注明的合同开工日期在2016年4月30日前的建筑工程项目；未取得《建筑工程施工许可证》的，建筑工程承包合同注明的开工日期在2016年4月30日前的建筑工程项目
小规模纳税人	简易计税	3% 减按 1%	

（2）销售货物、设备同时提供安装服务

销售货物、设备同时提供安装服务的税务处理见表3-7。

表 3-7　　　　销售货物、设备同时提供安装服务的税务处理

纳税人	项目名称	会计核算	税收属性	税务处理
一般纳税人	销售自产机器设备同时提供安装服务	分别核算	兼营行为	销售货物：13%。安装服务：9%（特殊情况[①]：3%）
		未分别核算	兼营行为	从高适用：13%
	销售外购机器设备同时提供安装服务	分别核算	兼营行为	销售货物：13%。安装服务：9%（特殊情况[②]：3%）
		未分别核算	混合销售	销售货物：13%。安装服务：9%

[①] 一般纳税人销售自产机器设备的同时提供安装服务，应分别核算机器设备和安装服务的销售额，安装服务可以按照甲供工程选择适用简易计税方法计税。

[②] 一般纳税人销售外购机器设备的同时提供安装服务，如果已经按照兼营的有关规定，分别核算机器设备和安装服务的销售额，安装服务可以按照甲供工程选择适用简易计税方法计税。

续表

纳税人	项目名称	会计核算	税收属性	税务处理
一般纳税人	销售其他自产货物同时提供安装服务	分别核算	兼营行为	销售货物：13%。 安装服务：9%
		未分别核算	兼营行为	从高适用：13%
	销售其他外购货物同时提供安装服务	未分别核算	混合销售	从事货物的生产、批发或者零售的单位和个体工商户的混合销售行为，按照销售货物缴纳增值税。 其他单位和个体工商户的混合销售行为，按照销售服务缴纳增值税
小规模纳税人	销售自产货物同时提供安装服务	分别核算	兼营行为	销售货物：可以适用3%减按1%。 安装服务：可以适用3%减按1%
	销售外购货物同时提供安装服务	未分别核算	混合销售	从事货物的生产、批发或者零售的单位和个体工商户的混合销售行为，按照销售货物缴纳增值税。 其他单位和个体工商户的混合销售行为，按照销售服务缴纳增值税

（3）建筑工程总承包单位特殊规定

建筑工程总承包单位为房屋建筑的地基与基础、主体结构提供工程服务，建设单位自行采购全部或部分钢材、混凝土、砌体材料、预制构件的，适用简易计税方法计税。

地基与基础、主体结构的范围，按照《建筑工程施工质量验收统一标准》（GB 50300—2013）附录 B《建筑工程的分部工程、分项工程划分》中的"地基与基础""主体结构"分部工程的范围执行。

（4）跨区域提供建筑服务预缴申报

跨区域提供建筑服务预缴规定见表3-8。

表 3-8　　　　　　　　跨区域提供建筑服务预缴规定

纳税人	计税方法	预征率	应预缴税额
一般纳税人	一般计税	2%	（全部价款和价外费用－支付的分包款）÷（1+9%）×2%
	简易计税	3%	（全部价款和价外费用－支付的分包款）÷（1+3%）×3%
小规模纳税人	简易计税	3%减按1%	（全部价款和价外费用－支付的分包款）÷（1+1%）×1%

纳税人取得的全部价款和价外费用扣除支付的分包款后的余额为负数的，可结转下次预缴税款时继续扣除。纳税人应按照工程项目分别计算应预缴税款，分别预缴。

◢ 温馨小提示 ◣

按照现行规定应当预缴增值税税款的小规模纳税人，凡在预缴地实现的月销售额未超过10万元（季度销售额未超过30万元）的，当期无须预缴税款。在预缴地实现的月销售额超过10万元（季度销售额未超过30万元）的，适用3%预征率的预缴增值税项目，减按1%预征率预缴增值税。

4.农业产品政策

（1）农业产品增值税基本政策

农业产品是指种植业、养殖业、林业、牧业、水产业生产的各种植物、动物的初级产品。

农业产品增值税基本政策如图3-20所示。

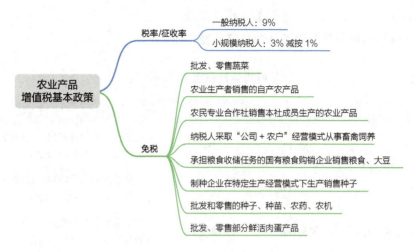

图 3-20　农业产品增值税基本政策

① 农业生产者销售的自产农产品免征增值税。

农产品应当是列入《农业产品征税范围注释》的初级农业产品。单位和个人销售的外购的农业产品，以及单位和个人外购农业产品生产、加工后销售的仍然属于注释所列的农业产品，不属于免税的范围，应当按照规定税率征收增值税。

② 对从事蔬菜批发、零售的纳税人销售的蔬菜免征增值税。

▼　温馨小提示　▼

　　蔬菜是指可作副食的草本、木本植物，包括各种蔬菜、菌类植物和少数可作副食的木本植物。蔬菜的主要品种参照《蔬菜主要品种目录》执行。经挑选、清洗、切分、晾晒、包装、脱水、冷藏、冷冻等工序加工的蔬菜，属于蔬菜的范围。各种蔬菜罐头不属于免征蔬菜的范围。

　　③ 对从事农产品批发、零售的纳税人销售的部分鲜活肉蛋产品免征增值税。

你问我答小课堂

问：我是一家超市，销售的活鱼和鸡蛋，免征增值税吗？

答：免征增值税的鲜活肉产品，是指猪、牛、羊、鸡、鸭、鹅及其整块或者分割的鲜肉、冷藏或者冷冻肉，内脏、头、尾、骨、蹄、翅、爪等组织，鱼不在免征的范围内，所以，您超市销售活鱼不能免征增值税。免征增值税的鲜活蛋产品，是指鸡蛋、鸭蛋、鹅蛋，包括鲜蛋、冷藏蛋以及对其进行破壳分离的蛋液、蛋黄和蛋壳。您超市销售的鸡蛋，免征增值税。

④ 批发和零售的种子、种苗、农药、农机免征增值税。

你问我答小课堂

问：我公司是一家销售农业资料的公司，销售的种子、农药、农机及零部件免征增值税吗？

答：批发和零售的种子、种苗、农药、农机免征增值税，农药是指用于农林业防治病虫害、除草及调节植物生长的药剂，农机是指用于农业生产（包括林业、牧业、副业、渔业）的各种机器和机械化和半机械化农具，以及小农具。

您公司销售符合上述条件的种子、农药、农机免征增值税，但是，农机零部件不属于免税范围，需要缴纳增值税。

⑤ 纳税人采取"公司＋农户"经营模式从事畜禽饲养免征增值税。

划重点
公司与农户签订委托养殖合同，向农户提供畜禽苗、饲料、兽药及疫苗等（所有权属于公司），农户饲养畜禽苗至成品后交付公司回收，公司将回收的成品畜禽用于销售。在上述经营模式下，纳税人回收再销售畜禽，属于农业生产者销售自产农产品，免征增值税。

(2) 农产品进项税额抵扣

① 一般纳税人农产品进项税额抵扣，根据采购渠道的不同以及供应商的身份不同，购进的原辅材料进项税额抵扣也有所不同，常见的情形见表3-9。

表3-9　　　　　　　　　　农产品进项税额抵扣

常见抵扣凭证	开具主体	税率/征收率	进项税额		
			用于生产13%货物	用于生产其他货物	既用于生产13%货物，又用于生产其他货物，未分别核算
增值税专用发票	一般纳税人	9%	金额×10%	金额×9%	金额×9%
	小规模纳税人	3%	金额×10%	金额×9%	金额×3%
	小规模纳税人	1%	金额×1%	金额×1%	金额×1%
农产品销售发票	不区分主体	免税	买价×10%	买价×9%	买价×9%
农产品收购发票	一般纳税人	免税	买价×10%	买价×9%	买价×9%

划重点　　2019年4月1日后，纳税人购进农产品，原适用10%扣除率的，扣除率调整为9%。纳税人购进用于生产或者委托加工13%税率货物的农产品，按照10%的扣除率计算进项税额。因此，纳税人购进农产品，在购入当期应遵从农产品抵扣的一般规定，按照9%计算抵扣进项税额。如果购进农产品用于生产或者委托加工13%税率货物，则在生产领用当期再加计抵扣1%。

② 纳税人从批发、零售环节购进适用免征增值税政策的蔬菜、部分鲜活肉蛋而取得的普通发票，不得作为计算抵扣进项税额的凭证。

你问我答小课堂

问：我公司是一般纳税人，在超市购买了猪肉，取得的免税发票可以作为计算抵扣进项税额的凭证吗？

答：从事蔬菜批发、零售的纳税人（包括一般纳税人和小规模纳税人）流通环节销售的蔬菜和部分鲜活肉蛋产品免征增值税。超市销售猪肉处于流通环节，其开具的免税发票不得作为进项抵扣的凭证。故您公司取得的免税发票不能作为计算抵扣进项税额的凭证。

（3）农业产品企业所得税政策

① 企业从事下列项目的所得（如图 3-21 所示），免征企业所得税。

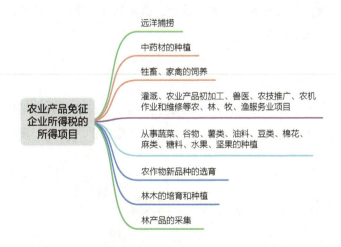

图 3-21　农业产品免征企业所得税的所得项目

② 企业从事下列项目的所得（如图 3-22 所示），减半征收企业所得税。

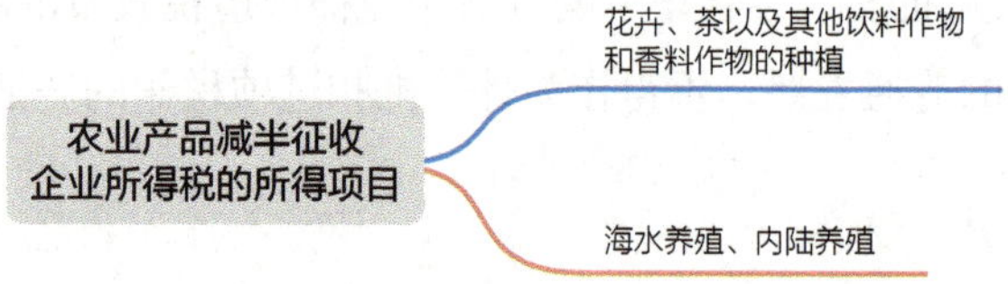

图 3-22　农业产品减半征收企业所得税的所得项目

你问我答小课堂 ....

问：我们是一家水果加工企业，主要是把水果加工成果干，可以免征企业所得税吗？

答：企业从事农业产品初加工取得的所得，免征企业所得税。初加工包含水果初加工，通过对新鲜水果（含各类山野果）清洗、脱壳、切块（片）、分类、储藏保鲜、速冻、干燥、分级、包装等简单加工处理，制成的各类水果、果干、原浆果汁、果仁、坚果，故您企业可以免征企业所得税。

（4）农业产品个人所得税政策

对个人或个体户其取得的"四业"所得暂不征收个人所得税；个人独资企业和合伙企业从事"四业"，其投资者取得的"四业"所得暂不征收个人所得税。

▼ **温馨小提示** ▼

"四业"指：种植业、养殖业、饲养业和捕捞业。

5. 公益性捐赠政策

公益性捐赠是指纳税人通过中国境内非营利的社会团体、国家机关，向教育、民政等公益事业和遭受自然灾害地区、贫困地区的捐赠。

（1）增值税

捐赠的增值税处理如图 3-23 所示。

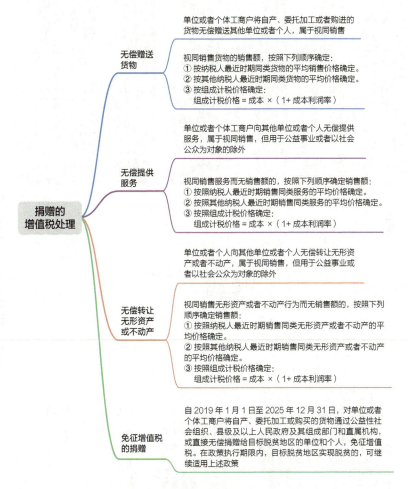

图 3-23　捐赠的增值税处理

（2）企业所得税

在企业所得税中，公益性捐赠，是指企业通过公益性社会组织或者县级以上人民政府及其部门，用于符合法律规定的慈善活动、公益事业的捐赠。捐赠的企业所得税处理如图 3-24 所示。

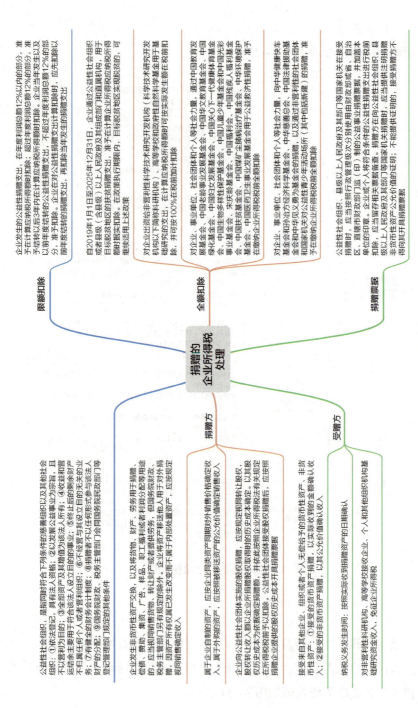

图3-24 捐赠的企业所得税处理

限额扣除

企业发生的公益性捐赠支出，在年度利润总额12%以内的部分，准予在计算应纳税所得额时扣除；超过年度利润总额12%的部分，准以前结转的以后3年结转扣除。企业当年发生以及以前年度结转的公益性捐赠支出，不超过年度利润总额12%的部分，准予扣除。企业在对公益性捐赠支出进行扣除时，应当扣除以前年度结转的捐赠支出，再扣除当年发生的捐赠支出

目2019年1月1日至2025年12月31日，企业通过公益性社会组织或者县级（含县级）以上人民政府及其部门和直属机构，用于目标脱贫地区的扶贫捐赠支出，准予在计算企业所得税应纳税所得额时据实扣除。在政策执行期限内，目标脱贫地区实现脱贫的，可继续适用上述政策

对企业出资给非营利科研机构和科学技术研究开发机构以下高新科研机构）的自然科学基础研究的支出，在计算应纳税所得额时可按实际发生额的税前扣除，并可按100%在税前加计扣除

全额扣除

对企业、事业单位、社会团体和个人等社会力量，通过中国教育发展基金会、中国老龄事业发展基金会、中国华文教育基金会、中国绿化基金会、中国关心下一代健康体育基金会、中国生物多样性保护基金会、中国儿童少年基金会和中国妇女发展基金会、宋庆龄基金会、中国福利会、中国残疾人福利基金会、中国医药卫生事业发展基金会用于公益救济性捐赠，准予在缴纳企业所得税税前的全额扣除

对企业、事业单位、社会团体和个人等社会力量，向中华健康快车基金会和孙冶方经济科学基金会、中华慈善总会、中国法律援助基金会和中华见义勇为基金会的捐赠，以及通过中国其他社会团体和国家机关对公益性青少年活动场所（其中包括新建）的捐赠，准予在计算缴纳企业所得税所得税前的全额扣除

捐赠票据

公益性社会组织、县级以上人民政府及其部门等国家机关在接受捐赠时，应当按照行政管理级次分别使用由财政部或者自治区、直辖市财政部门（印）制的公益事业捐赠票据，并加盖本单位的印章；对个人或单位索取捐赠票据的，应当开具相关捐赠票据备查。捐赠方在向公益性社会组织、县级以上人民政府及其部门等国家机关进行捐赠时，应当提供捐赠非货币性资产之价值的证明。如果捐赠方不能提供捐赠票据，也不能提供证明的，不能提供证明的，接受捐赠方不得向其开具捐赠票据

捐赠方

公益性社会组织，是指同时符合下列条件的慈善组织以及其他社会组织：①依法登记，具有法人资格；②以发展公益事业为宗旨，且不以营利为目的；③全部资产及其增值为该法人所有；④收益和营运结余主要用于符合该法人设立目的的事业；⑤终止后的剩余财产不归属于任何个人或者营利组织；⑥有健全的财务会计制度；⑦有不因终止而歪曲以任何形式参与分配法人财产的规定；⑧捐赠者以以任何形式参与该法人财产的分配；⑨国务院财政税务主管部门等登记管理部门规定的其他条件

企业发生非货币性资产交换，以及将货物、财产、劳务用于捐赠、偿债、赞助、集资、广告、样品、职工福利或者利润分配等用途的，应当视同销售货物、转让财产或者提供劳务，但国务院财政、税务主管部门另有规定的除外。企业用于对外捐赠，因资产所有权属已发生改变而不属于内部处置资产，应按视同销售确定销售收入

属于企业自制的资产，应企业确定销售收入。企业向公益性社会团体实施的符合企业所得税捐赠的股权捐赠，应按规定视同转让股权，股权转让收入额以股权历史成本确定。以具体股权转让成本为依据确定企业所得税应纳税所得额。并依此按照企业所得税法有关规定在企业所得税前扣除。公益性社会团体接受股权捐赠后，应按照捐赠企业提供的股权历史成本开具捐赠票据

受赠方

接受来自其他企业、组织或者个人无偿给予的货币性资产、非货币性资产：①接受的货币性资产捐赠，以实际收到的金额确认收入；②接受的非货币性资产捐赠，以其公允价值确认收入

纳税义务发生时间：①按照实际收到捐赠资产的日期确认收入

对非营利性科研机构、高等学校接收收入，个人和其他组织的科学基础研究资助收入，免征企业所得税

划重点　企业或个人对外捐赠时，需要注意捐赠渠道。如果是通过公益性组织捐赠的，该公益性组织需要具有捐赠税前扣除资格，通过未取得公益性捐赠税前扣除资格的社会组织进行的捐赠，除特殊规定外，不能扣除。同时根据规定，公益性社会组织的公益性捐赠税前扣除资格在全国范围内有效，有效期为 3 年，公益性社会组织的税前扣除资格需要在有效期内。

你问我答小课堂

问：我公司今年通过公益性组织对外发生了一笔捐赠，但是，对方没有给我们开具捐赠票据，该捐赠可以在企业所得税税前扣除吗？

答：您企业发生捐赠时不能及时取得捐赠票据的，在预缴季度所得税时，可暂按账面发生金额进行核算；但在汇算清缴时，应补充提供该成本、费用的有效凭证。如果汇算前仍未取得相关凭证的，相应支出不得在发生年度税前扣除，需要纳税调增。如果在以后年度取得符合规定的凭证，相应支出可以追补至该支出发生年度税前扣除，但追补年限不得超过 5 年。

（3）个人所得税

个人通过中华人民共和国境内公益性社会组织、县级以上人民政府及其部门等国家机关，向教育、扶贫、济困等公益慈善事业的捐赠，发生的公益捐赠支出，可以按照个人所得税法有关规定在计算应纳税所得额时扣除。公益性捐赠的个人所得税处理如图 3-25 所示。

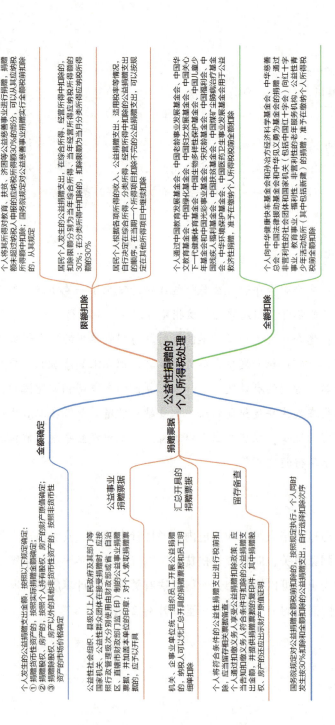

图 3-25　公益性捐赠的个人所得税处理

温馨小提示

　　不能及时取得捐赠票据的，可暂时凭公益捐赠银行支付凭证扣除，并向扣缴义务人提供公益捐赠银行支付凭证复印件。个人应在捐赠之日起90日内向扣缴义务人补充提供捐赠票据，未按规定提供的，扣缴义务人应在30日内向主管税务机关报告。

（4）其他税种

　　其他税种涉及捐赠的优惠政策如图3-26所示。

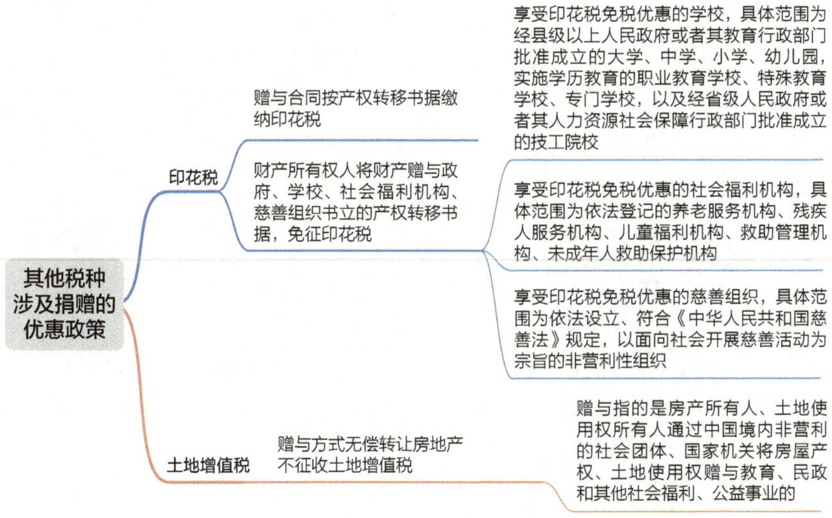

图3-26　其他税种涉及捐赠的优惠政策

第四课

纳税申报

一、常规性纳税申报缴税事项

常规性纳税申报缴税事项，是指存续经营状态的纳税人在生产经营过程中，依照法律、行政法规规定或者税务机关依照法律、行政法规的规定确定的申报期限、申报内容如实办理纳税申报，报送纳税申报表、财务会计报表以及税务机关根据实际需要要求纳税人报送的其他纳税资料。扣缴义务人必须依照法律、行政法规规定或者税务机关依照法律、行政法规的规定确定的申报期限、申报内容如实报送代扣代缴、代收代缴税款报告表以及税务机关根据实际需要要求扣缴义务人报送的其他有关资料。具体包括增值税及其附加税费的申报缴纳、消费税及附加税费的申报缴纳、居民企业企业所得税的申报缴纳、个人所得税的申报缴纳等常规性纳税申报缴税事项。

1. 增值税及附加税费申报（一般纳税人）

增值税一般纳税人，应依照法律、行政法规规定或者税务机关依照法律、行政法规的规定确定的申报期限、申报内容，准确核算销项税额、进项税额、应纳税额，如实填报《增值税及附加税费申报表（一般纳税人适用）》、附列资料及其他相关资料，向税务机关办理增值税一般纳税人申报。缴纳增值税的单位和个人，也是城市维护建设税、教育费附加和地方教育附加的缴纳义务人。

增值税一般纳税人以 1 个月为纳税期限，自期满之日起 15 日内申报纳税（遇法定节假日顺延）。银行、财务公司、信托投资公司、信用社及财政部和国家税务总局规定的其他纳税人，以 1 个季度为纳税期限。请确保按照国家税务总局的规定，合理安排申报时间，准时进行增值税的申报，避免错过申报期限导致滞纳金或者税务行政处罚等后果。

划重点

（1）一般纳税人如果当期未开具发票，但纳税义务已经发生的，可将相应数额填写在《增值税及附加税费申报表（一般纳税人适用）》附列资料（一）"未开具发票"列次。之后再开具发票的，需要在"开具增值税专用发票"栏次或者"开具其他发票"列次填写相应数额，同时在"未开具发票"列次填写负数。

（2）增值税一般纳税人在申报中需要确认申报表中填写的收入额与实际发生额是否一致，进项税额是否与发票勾选抵扣确认的进项税额一致，是否有应作进项税额转出但未转出的情形。纳税人需要保证申报表填写的真实性、完整性、准确性，避免产生不必要的税务风险，给企业带来负面影响。

（3）若申报提交时出现申报比对异常提示，出现提示性规则时，可以选择继续保存或者返回修改，选择返回修改进行更正申报无误后或者选择继续强制保存时，申报表保存成功，纳税人申报流程完结。出现强制性规则时，纳税人申报后会提示有比对不通过的规则，可以返回修改，也可以继续强制保存。

（4）若您是已使用数电发票的纳税人，但您的税控档案尚未注销，那么您需要在增值税纳税申报前先进行抄报税处理。

温馨小提示

① 纳税人在纳税期内没有应纳税款的，也应当按照规定办理纳税申报。如果您公司经营的业务属于税法规定的减征或者免征增值税的范围，您还需要同时填写减免税明细表，明确您所适用的减免税政策和具体减免税额。

② 您需要妥善保存与增值税相关的所有凭证和资料，包括但不限于发票、财务报表、税款计算表等，以备税务部门审查时使用。

2. 增值税及附加税费申报（小规模纳税人）

年应税销售额未超过 500 万元的小规模纳税人依据相关税收法律、法规的规定依法履行纳税义务，按照税收法律、法规、规章及其他有关规定，在规定的纳税期限内填报《增值税及附加税费申报表（小规模纳税人适用）》及其附列资料，向税务机关进行纳税申报。纳税人在进行增值税申报时，应同时进行城市维护建设税、教育费附加和地方教育附加的申报。

按固定期限纳税的小规模纳税人可以选择以 1 个月或 1 个季度为纳税期限，一经选择，一个会计年度内不得变更。原则上实行按季度申报的增值税小规模纳税人，应于季度终了 15 日内进行纳税申报，遇法定节假日，按规定顺延。纳税人要求不实行按季申报的，由主管税务机关根据其应纳税额大小核定纳税期限。请确保按照国家税务总局的规定，合理安排申报时间，准时进行增值税的申报，避免错过申报期限导致滞纳金或者税务行政处罚等后果。

划重点

（1）属于定期定额户的纳税人，在进入增值税及附加税费申报（小规模纳税人）申报功能菜单后，系统将自动展示定期定额户纳税人适用页面。在确认式申报界面，纳税人若当期有未开具发票收入，请点击增值税销售收入栏次下的输入框进行填写，若在确认式申报页面发现预填数据不准确，请点击"我要填表"进行修改。

（2）增值税小规模纳税人在申报中需要确认申报表中填写的收入额与实际发生额是否一致，符合增值税小规模纳税人销售额季度不超过 30 万元（含）免征的情形需要正确填写申报表的免征栏次；按照 1% 征收率开具发票的需要填写减征栏次和增值税减免税申报表等对应栏次，确保优惠政策如实享受。纳税人需要保证申报表填写的真实性、完整性、准确性，避免产生不必要的税务风险，给企业带来负面影响。

（3）若您是已使用数电发票的纳税人，但您的税控档案尚未注销，那么您需要在增值税纳税申报前先进行抄报税处理。

温馨小提示

① 纳税人在纳税期内没有应纳税款的，也应当按照规定办理纳税申报。如果您公司经营的业务属于税法规定的减征或者免征增值税的范围，您还需要同时填写减免税明细表，明确您所适用的减免税政策和具体减免税额。

② 您需要妥善保存与增值税相关的所有凭证和资料，包括但不限于发票、财务报表、税款计算表等，以备税务部门审查时使用。

③ 增值税小规模纳税人享受其他政策减免税额之后，叠加享受"六税两费"减征政策。城市维护建设税、教育费附加、地方教育附加在申报界面需要选择减免政策适用主体为小规模纳税人。

3.增值税及附加税费预缴申报

纳税人跨县（市、区）提供建筑服务取得预收款，应向建筑服务发生地主管税务机关预缴税款，应在收到预收款时，以取得的预收款扣除支付的分包款后的余额预缴税款。

房地产开发企业纳税人采取预收款方式销售自行开发的房地产项目，应在收到预收款时按照3%的预征率预缴增值税。

纳税人以经营租赁方式出租其取得的不动产或者除其他个人之外的纳税人转让其取得的不动产（不含房地产开发企业销售自行开发的房地产项目），不动产所在地与机构所在地不在同一县（市、区）的，应向不动产所在地主管税务机关预缴增值税。

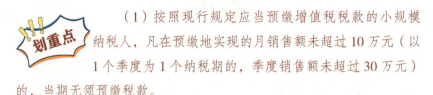

（1）按照现行规定应当预缴增值税税款的小规模纳税人，凡在预缴地实现的月销售额未超过 10 万元（以 1 个季度为 1 个纳税期的，季度销售额未超过 30 万元）的，当期无须预缴税款。

（2）纳税人跨地区提供建筑服务、销售和出租不动产的，应在建筑服务发生地、不动产所在地预缴增值税时，以预缴增值税税额为计税依据，并按预缴增值税所在地的城市维护建设税适用税率和教育费附加征收率就地计算缴纳城市维护建设税和教育费附加。

（3）纳税人在同一地级行政区范围内跨县（市、区）提供建筑服务，无须在服务发生地预缴增值税。

（4）纳税人跨县（市、区）提供建筑服务预缴税款时间，按照财税〔2016〕36 号文件规定的纳税义务发生时间和纳税期限执行。纳税人跨县（市、区）提供建筑服务，按照规定应向建筑服务发生地主管税务机关预缴税款而自应当预缴之月起超过 6 个月没有预缴税款的，由机构所在地主管税务机关按照《中华人民共和国税收征收管理法》及相关规定进行处理。

（5）纳税人（不含其他个人）出租与机构所在地不在同一县（市）的不动产，应在取得租金的次月纳税申报期或不动产所在地主管税务机关核定的纳税期限预缴税款。纳税人提供租赁服务采取预收款方式的，其纳税义务发生时间为收到预收款的当天。

（6）房地产开发企业预售自行开发的房地产项目，纳税人应在取得预收款的次月纳税申报期向主管税务机关预缴税款。

> **温馨小提示**
>
> ① 在填写增值税预缴申报表时，要确认预缴的税款所属期和是否适用一般计税是否选择正确、增值税预缴申报表中填写的销售额一般为包含增值税的销售额。
>
> ② 预缴的增值税款，可以在当期增值税应纳税额中抵减，抵减不完的，结转下期继续抵减。需要注意的是，纳税人以预缴税款抵减应纳税额，应以完税凭证作为合法有效凭证。

4. 消费税及附加税费申报

在中华人民共和国境内生产、委托加工和进口规定的消费品的单位和个人，以及国务院确定的销售规定的消费品的其他单位和个人，依据相关税收法律、法规、规章及其他有关规定，在规定的纳税申报期限内填报《消费税及附加税费申报表》及附表、其他相关资料，向税务机关进行纳税申报。纳税人在申报缴纳消费税的同时，应将附加税费（如城市维护建设税、教育费附加、地方教育附加）一并申报缴纳。

（1）纳税期限

消费税的纳税期限分别为 1 日、3 日、5 日、10 日、15 日、1 个月或者 1 个季度。纳税人的具体纳税期限，由主管税务机关根据纳税人应纳税额的大小分别核定；不能按照固定期限纳税的，可以按次纳税。纳税人以 1 个月或者 1 个季度为 1 个纳税期的，自期满之日起 15 日内申报纳税；以 1 日、3 日、5 日、10 日或者 15 日为 1 个纳税期的，自期满之日起 5 日内预缴税款，于次月 1 日起 15 日内申报纳税并结清上月应纳税款。纳税人进口应税消费品，应当自海关填发《海关进口消费税专用缴款书》之日起 15 日内缴纳税款。

温馨小提示

您企业即使在纳税期内没有应纳税款，也应当按照规定办理纳税申报。享受减税、免税待遇的，在减税、免税期间应当按照规定办理纳税申报。

（2）纳税地点

纳税人到外县（市）销售或者委托外县（市）代销自产应税消费品的，于应税消费品销售后，向机构所在地或者居住地主管税务机关申报纳税。

纳税人的总机构与分支机构不在同一县（市）的，应当分别向各自机构所在地的主管税务机关申报纳税；经财政部、国家税务总局或者其授权的财政、税务机关批准，可以由总机构汇总向总机构所在地的主管税务机关申报纳税。

委托个人加工的应税消费品，由委托方向其机构所在地或者居住地主管税务机关申报纳税。

进口的应税消费品，由进口人或者其代理人向报关地海关申报纳税。

（3）汇总纳税

若总机构和分支机构不在同一县（市）的，且批准汇总纳税的，需要做消费税汇总纳税报告。该业务可以在电子税务局或当地的办税服务厅办理。

划重点

① 若纳税人既没有消费税税（费）种登记，本期又产生了涉及消费税的未开具发票收入，需要先联系主管税务机关进行消费税税（费）种登记。

② 纳税人进行消费税及附加税费申报时，若系统提示提交报表时产生表间关系比对不正确的，纳税人可选择修改申报表或者继续申报。

5.居民企业企业所得税月（季）度申报

中华人民共和国境内，企业和其他取得收入的组织为企业所得税的纳税人，企业所得税按纳税年度计算，月度或季度需要预缴，企业应在规定的纳税期限内，申报缴纳企业所得税并报送相关资料。

（1）纳税期限及报表报送

不论是实行查账征收的居民企业，还是实行核定征收的居民企业，应当自月份或者季度终了之日起 15 日内，向税务机关报送预缴企业所得税纳税申报表，预缴税款。实行查账征收方式申报企业所得税的居民企业（包括境外注册中资控股居民企业）应向税务机关提交《中华人民共和国企业所得税月（季）度预缴纳税申报表（A 类）》（A 200000）及其他相关资料，进行月（季）度预缴纳税申报，包括总机构与需要就地预缴的分支机构。实行核定征收方式的居民企业应向税务机关提交《中华人民共和国企业所得税月（季）度预缴和年度纳税申报表（B 类，2018 年版）》（B 100000）及其他相关资料，向税务机关进行企业所得税月（季）度申报。

温馨小提示

企业所得税按月或者按季预缴，由税务机关具体核定。符合条件的小型微利企业，实行按季度申报预缴企业所得税，且预缴时通过填写申报即可享受小型微利企业所得税优惠。

（2）纳税地点

居民企业以企业登记注册地为纳税地点；但登记注册地在境外的，以实际管理机构所在地为纳税地点。居民企业在中国境内设立不具有法人资格的营业机构的，应当汇总计算并缴纳企业所得税。

（3）汇总纳税

如果您企业在中国境内跨地区（指跨省、自治区、直辖市和计划单列市）设立不具有法人资格分支机构的，那您企业为跨地区经营汇总纳税企业。汇总纳税企业预缴申报时，总机构除报送企业所得税预缴申报表和企业当期财务报表外，还应报送汇总纳税企业分支机构所得税分配表和各分支机构上一年度的年度财务报表（或年度财务状况和营业收支情况）；分支机构除报送企业所得税预缴申报表（只填列部分项目）外，还应报送经总机构所在地主管税务机关受理的汇总纳税企业分支机构所得税分配表。

您企业如果为汇总纳税企业，那么在进行预缴申报时，需要按照各分支机构应分摊的比例，在各分支机构之间进行分摊，并及时通知到各分支机构，各分支机构应在每月或季度终了之日起 15 日内，就其分摊的所得税额就地申报预缴。分支机构未按税款分配数额预缴所得税造成少缴税款的，主管税务机关应按照《中华人民共和国税收征收管理法》的有关规定对其处罚，并将处罚结果通知总机构所在地主管税务机关。

6. 居民企业（查账征收）企业所得税年度申报

实行查账征收方式申报企业所得税的居民企业（包括境外注册中资控股居民企业）应当在纳税年度终了之日起 5 个月内，在年度中间终止经营活动的应当在实际终止经营之日起 60 日内，依照税收法律、法规、规章及其他有关规定，自行计算全年应纳税所得额和应纳所得税额，根据月度或季度预缴的所得税税额，确定该年度应补或者应退税额，向主管税务机关提交《企业所得税年度纳税申报表主表》（A100000）及其他有关资料，进行年度纳税申报，并结清全年企业所得税税款。

为了切实让您企业享受退税红利政策，如果您企业在纳税年度内预缴企业所得税税款超过汇算清缴应纳税款的，您企业应及时申请退税，主管税务机关应及时按有关规定办理退税，不再抵缴其下一年度应缴企业所得税税款。

　　如果您企业为小型微利企业，为减轻您企业的纳税申报负担，您企业在年度汇算时只需要填写《企业所得税年度纳税申报表主表》（A100000），《企业所得税年度纳税申报基础信息表》（A000000）中的"基本经营情况""有关涉税事项情况"为选填项目，存在或者发生相关事项时小型微利企业必须填报；"主要股东及分红情况"为免填项目，收入、成本、期间费用无须填报其明细表，直接填写在《企业所得税年度纳税申报表主表》（A100000）对应栏次。

───────▼ 温馨小提示 ▼───────

　　小型微利企业在预缴和汇算清缴企业所得税时，通过填写纳税申报表，即可享受小型微利企业所得税优惠政策。企业预缴企业所得税时享受了小型微利企业所得税优惠政策，但在汇算清缴时发现不符合相关政策标准的，应当按照规定补缴企业所得税税款。

7. 综合所得个人所得税申报

　　个人所得税以向个人支付所得的单位或者个人为扣缴义务人。居民个人取得综合所得（包括工资、薪金所得，劳务报酬所得，稿酬所得，特许权使用费所得），按年计算个人所得税；有扣缴义务人的，由扣缴义务人在支付所得的月度终了之日起 15 日内，按月或者按次预扣预缴税款。结合当期收入、扣除等情况，向主管税务机关报送《综合所得个人所得税预扣预缴报告表》和主管税务机关要求报送的其他有关材料，向税务机关纳税申报并缴入国库。

　　年度终了后，如果符合需要办理汇算的情形，居民个人应于 3 月 1 日至 6 月 30 日向税务机关申报并办理综合所得汇算清缴。纳税人可自主选择通过自行办理、任职受雇单位代为办理、委托受托人办理的方式办理。

　　纳税人可优先通过个人所得税 App 及网站办理汇算，税务机关将为纳税人提供申报表项目预填服务。不方便通过上述方式办理的，也可以通过邮寄方式或到办税服务厅办理。

纳税人办理汇算，适用个人所得税年度自行纳税申报表，如需修改本人相关基础信息，新增享受扣除或者税收优惠的，还应按规定一并填报相关信息、提供佐证材料。纳税人需仔细核对，确保所填信息真实、准确、完整。

温馨小提示

（1）综合所得里的"正常工资薪金""提前退休一次性补贴""解除劳动合同一次性补偿金""全年一次性奖金收入"都只有雇员才能填写。

（2）上一年预缴申报结束后，自然人电子税务局系统会根据扣缴单位全年申报数据统计符合直接扣除 6 万元减除费用条件的纳税人。不在自然人电子税务局系统统计名单上的纳税人不能按照 6 万元扣除累计减除费用。

（3）在办理综合所得汇算清缴申报中，如果居民个人仅取得境内综合所得适用《个人所得税年度自行纳税申报表（A 表）》，居民个人取得境外所得适用《个人所得税年度自行纳税申报表（B 表）》。

8. 经营所得个人所得税（查账征收）

纳税人取得经营所得，以每一纳税年度的收入总额减除成本、费用以及损失后的余额，为应纳税所得额，按年计算个人所得税，纳税人在月度或季度终了后 15 日内填报《个人所得税经营所得纳税申报表（A 表）》及其他相关资料，向经营管理所在地主管税务机关办理预缴纳税申报，并预缴税款。

纳税人在取得所得的次年 3 月 31 日前填报《个人所得税经营所得纳

税申报表（B表）》及其他相关资料，向经营管理所在地主管税务机关办理汇算清缴。取得两处以上经营所得的，需分别向经营管理所在地主管税务机关填报《个人所得税经营所得纳税申报表（B表）》，再选择向其中一处经营管理所在地主管税务机关办理汇总申报，填报《个人所得税经营所得纳税申报表（C表）》。

▼ 温馨小提示 ▼

（1）投资者的任职受雇类型需为"其他"，不能选择"雇员"，在人员信息采集模块填写个人投资额、投资比例。

（2）对于企业类型为个人独资企业、个体工商户或合伙企业的单位，为投资人、法人、业主申报"正常工资薪金所得"时系统进行阻断，应在"经营所得"模块中申报。

拓展延伸

同时取得综合所得和经营所得的纳税人，可在综合所得或经营所得中申报减除费用6万元、专项扣除、专项附加扣除以及依法确定的其他扣除，但不得重复申报减除。

9. 定期定额户自行申报

个体工商户税收定期定额征收，是指税务机关依照法律、行政法规及《个体工商户税收定期定额征收管理办法》（国家税务总局令第16号）的规定，对个体工商户在一定经营地点、一定经营时期、一定经营范围内的应纳税经营额（包括经营数量）或所得额进行核定，并以此为计税依据，依照税收法律法规及相关规定确定的申报期限、申报内容，向税务机关申报缴纳税款的业务活动。

温馨小提示

（1）定期定额户纳税人适用自行申报的情形：①不适用简易申报的定期定额户；②定期定额户因未签署三方协议不能简易申报；③简易申报失败后由纳税人自行申报。

（2）新办、复业纳税人或存在月中、季中退出市场情形的纳税人（停业、歇业纳税人、申请注销的纳税人），计算当期应纳税额时，根据纳税人当月实际经营天数和核定的定额折算实际销售额或经营额，按开业天数线性计算：当月应申报核定经营额＝（月核定应纳税经营额÷当月天数）×当月实际开业天数；当季应申报核定经营额＝核定流程中的核定月销售额的合计。

二、特殊涉税申报事项

特殊涉税申报事项是指纳税人在持续生产经营活动中极少发生，仅在发生特定业务或涉及特殊情形时，需要依法向税务机关申请办理的事项。本部分主要包括增值税一般纳税人登记、纳税人延期申报、延期缴纳税款申请、申报更正与作废、汇总纳税、增值税留抵抵欠、定期定额户申请核定及调整定额、跨区税源登记。

1. 增值税一般纳税人登记

年应税销售额超过财政部、国家税务总局规定的小规模纳税人标准，除另有规定外，应该向主管税务机关进行增值税一般纳税人登记。年应税销售额未超过规定标准的纳税人，会计核算健全，能够提供准确税务资料的，可以向主管税务机关办理一般纳税人登记。纳税人登记为一般纳税人后，不得转为小规模纳税人，国家税务总局另有规定的除外。

> **温馨小提示**
>
> 年应税销售额，是指纳税人在连续不超过12个月或4个季度的经营期内累计应征增值税销售额，包括纳税申报销售额、稽查查补销售额、纳税评估调整销售额。销售服务、无形资产或者不动产有扣除项目的纳税人，其应税行为年应税销售额按未扣除之前的销售额计算。纳税人偶然发生的销售无形资产、转让不动产的销售额，不计入应税行为年应税销售额。

划重点

纳税人应在年应税销售额超过规定标准的月份（或季度）的所属申报期结束后15日内按照规定办理一般纳税人登记。纳税人未按规定时限办理且在下发《税务事项通知书》进行催办后逾期仍不办理的，次月起按销售额依照增值税税率计算应纳税额，不得抵扣进项税额，直至纳税人办理相关手续为止。

如纳税人存在非正常户关联信息，需要解除非正常，再进行增值税一般纳税人登记。

2. 纳税人延期申报

纳税人、扣缴义务人因不可抗力，不能在法定申报纳税期内办理纳税申报或者报送代扣代缴、代收代缴税款报告表的，应当在不可抗力情形消除后立即向税务机关报告；因其他原因，按照规定的期限办理纳税申报或者报送代扣代缴、代收代缴税款报告表确有困难，经税务机关核准可以办理延期申报。税务机关办理对纳税人延期申报核准，不再要求申请人填写《延期申报申请核准表》。

温馨小提示

　　纳税人、扣缴义务人通过电子税务局申请办理的，对已认定的税（费）种信息和税源信息，选择需延期的税种申报，系统自动生成并预填《延期申报申请表》，经纳税人核实确认或补录后，推送至税务机关进行申请材料审核受理。

3.延期缴纳税款申请

　　纳税人因有特殊困难，不能按期缴纳税款的，经省、自治区、直辖市、计划单列市税务局批准，可以延期缴纳税款，但是最长不得超过3个月。

　　纳税人有下列情形之一的，属于特殊困难：

　　（1）因不可抗力，导致纳税人发生较大损失，正常生产经营活动受到较大影响的；

　　（2）当期货币资金在扣除应付职工工资、社会保险费后，不足以缴纳税款的。

划重点

　　纳税人办理延期缴纳税款的，仍需要在法定申报纳税期内先进行申报，并在缴纳税款期限届满前提出申请，税务机关自收到申请之日起20日内作出批准或者不予批准的决定；不予批准的，从缴纳税款期限届满之日起按日加收滞纳税款0.5‰的滞纳金。

4.申报更正与作废

　　纳税人、缴费人、扣缴义务人办理纳税申报后，发现申报表存在错误，进行修改更正或作废。申报更正或作废时只能全量更正或者申报作废，不允许差额更正或补充申报。

划重点　作废申报表只能在对应申报当期的申报期限之内，且未开具完税凭证或划缴税款的情况下进行，否则不能作废申报表，只能对已申报的申报表进行更正处理。申报更正或作废后，如涉及补缴税款且超出缴款期限的，应按规定加收滞纳金。

温馨小提示

企业所得税季度申报表只允许纳税人更正最末一个已申报的季度申报表，完成企业所得税年度申报后，不得再对当年内的季度申报表进行更正。

主税更正后如不更正附加税费，则不予保存主税更正申报，并提示主税和附加税均更正后一并保存。

5. 汇总纳税

税收上通常涉及的需要汇总纳税的税种主要有增值税、消费税、企业所得税等税种。通过汇总纳税，由总公司控制所得税收，把各个分公司的相关数据集中起来统一申报缴纳税款，可以减轻税收负担，避免因不能准确核算而对企业经营产生不良影响。

一般情况下，如果您公司是一个固定业户的话，增值税和消费税需要向您的机构所在地的主管税务机关缴纳税款。但如果您是总分公司类型的企业，而且总分公司又不在同一县（市）的，需要分别向各自主管税务机关申报纳税的，经过批准的，才可以由总公司汇总向总公司所在地的主管税务机关申报纳税。

目前有文件明确规定的实行汇总纳税的企业类型有：电信企业、邮政企业、铁路运输、航空运输、跨地区经营的直营连锁企业。

与增值税和消费税相比，作为公司的财务负责人，也许您更想知道您公司的企业所得税是否需要汇总纳税？是否需要就地分摊缴纳？如果不汇总纳税是否可以享受小型微利企业的税收优惠？

一般情况下，如果您公司是居民企业，设立的有不具备法人资格的分公司，您公司可以实行"统一计算、分级管理、就地预缴、汇总清算、财政调库"的企业所得税征收管理办法，由您总公司统一计算包括各个分公司在内的全部应纳税所得额、应纳税额，并根据公司的实际情况确定分公司是否需要就地在分公司所在地缴纳企业所得税以及分摊的比例和税款。如果您是以总机构名义进行生产经营的非法人分支机构，无法提供汇总纳税企业分支机构所得税分配表，也无法提供相关证据证明其二级及以下分支机构身份的，应视同独立纳税人计算并就地缴纳企业所得税，其独立纳税人身份一个年度内不得变更。

温馨小提示

以下二级分支机构不就地分摊缴纳企业所得税：

（1）不具有主体生产经营职能，且在当地不缴纳增值税的产品售后服务、内部研发、仓储等汇总纳税企业内部辅助性的二级分支机构，不就地分摊缴纳企业所得税。

（2）上年度认定为小型微利企业的，其二级分支机构不就地分摊缴纳企业所得税。

（3）新设立的二级分支机构，设立当年不就地分摊缴纳企业所得税。

（4）当年撤销的二级分支机构，自办理注销税务登记之日所属企业所得税预缴期间起，不就地分摊缴纳企业所得税。

（5）汇总纳税企业在中国境外设立的不具有法人资格的二级分支机构，不就地分摊缴纳企业所得税。

现行企业所得税实行法人税制，企业应以法人为主体，计算从业人数、资产总额等指标，即汇总纳税企业的从业人数、资产总额包括分支机构的相应部分。如果您公司是一家不具有法人资格的分公司，判断汇总纳税企业能否整体享受小型微利企业优惠，要把总公司和分公司视为一个整体，报送《企业所得税汇总纳税总分机构信息备案表》进行备案。如果该汇总纳税企业相关指标符合小型微利企业，那么，总公司可以享受，分公司也可以享受。反之，汇总纳税企业指标不符合小型微利企业，那么总公司不能享受，分公司也不能享受。如果总分公司都没有做汇总纳税备案，即使总公司属于小型微利企业，分公司也不能享受小型微利企业优惠。

6. 增值税留抵抵欠

增值税留抵抵欠，是指为了解决增值税一般纳税人既欠缴增值税，又有增值税留抵税额的问题，当增值税一般纳税人办理增值税纳税申报后，对纳税申报表上既有期末留抵税额，又有增值税欠税的，应以期末留抵税额抵减增值税欠税。抵减欠缴税款时，应按欠税发生时间逐笔抵扣，先发生的先抵。抵缴的欠税包含呆账税金及欠税滞纳金。确定实际抵减金额时，按填开《增值税进项留抵税额抵减增值税欠税通知书》的日期作为截止期，计算欠缴税款的应缴未缴滞纳金金额，应缴未缴滞纳金余额加欠税余额为欠缴总额。

划重点　纳税人抵缴欠税时默认按照时间顺序抵缴。同一天同时有正税和滞纳金，那么先抵正税后抵滞纳金。（看是否勾选抵减滞纳金，勾选完后按照时间顺序抵减，若滞纳金和正税同时有，先抵减正税）

温馨小提示

在增值税留抵抵欠中对增值税一般纳税人申报表中的一般货物、劳务及应税服务，即征即退货物、劳务和应税服务的留抵税额都可以参与抵欠。但是对于即征即退货物、劳务和应税服务的留抵税额不得抵一般货物、劳务及应税服务产生的欠税。

7. 定期定额户申请核定及调整定额

定期定额户申请核定及调整定额，是指税务机关根据纳税人申请或者依职权对个体工商户或个人独资企业，进行核定或调整定额的一项业务。税务机关根据《个体工商户税收定期定额征收管理办法》和其他税收法律、行政法规的规定，对个体工商户应纳税经营额进行核定，并以此为计税依据，确定其应纳税额。如果您公司对税务机关核定的应纳税额有异议的，应提供相关证据资料，经税务机关认定后，调整应纳税额。

划重点　如果您公司是一般纳税人或辅导期一般纳税人、登记注册类型不是"个体工商户"或"私营独资企业"，不能办理此业务。律师事务所、会计师事务所、税务师事务所、资产评估和房地产估价等鉴证类中介机构，不符合定期定额管理条件。

▼ 温馨小提示 ▼

　　如果您公司连续 12 个月的累计发票开具金额（不含税销售额，含自开、代开，剔除征收项目为销售不动产、不动产租赁的发票）达到 500 万元，不允许调整定额。当您公司的纳税人行业、税（费）种认定、核定信息应相互对应匹配，如果纳税人的行业属于应认定消费税而未认定消费税的情况，则会阻断办理。

8. 跨区税源登记

　　跨区税源登记是指已办理税务登记的纳税人在主管税务机关管辖范围之外发生的特定应税行为，具体包括：取得不动产、土地使用权的应税行为；取得房屋租赁收入的应税行为；发生直接向环境排放应税污染物行为；临时占用耕地的行为；开采或者生产应税资源产品的行为等需要缴纳增值税、房产税、城镇土地使用税、环境保护税、耕地占用税、资源税等税费，为确认其纳税身份而到房屋、土地所在地、应税污染物排放地、耕地所在地、应税资源产品开采地或者生产地税务机关进行信息登记的业务活动。

划重点　　在注册地址外有属于本单位财产如房产、土地的纳税人，在房产、土地所在地税务机关进行跨区财产税源登记后，才可实现房产税和城镇土地使用税在房产和土地所在地税务机关申报缴纳。如果不清楚跨区税源（房产、土地、环保税等）所在地行政区划及街道乡镇时，导致无法确认主管税务所（科、分局），可以先联系税源地主管税务机关确认后再录入税源地信息。

第五课

风险提示

财务负责人需要对整个公司的涉税问题进行管理和监督。其需要承担公司的是否按期缴纳税款、履行代扣代缴义务等的申报缴纳税款问题、也需要及时发现提醒办税人员规范开票、依法正确使用发票，还需要对公司的纳税信用等级等信用问题做到心中有数。财务负责人面临的风险具体可以分为征收管理风险、发票使用风险、其他风险三类。

一、征收管理风险提示

1.报验登记风险

根据税法要求，从事生产、经营的纳税人到外县（市）临时从事生产、经营活动的，需要办理以下业务。

（1）开具跨区域涉税事项报告表

可通过办税服务厅（场所）、电子税务局向主管税务机关办理。

电子税务局申报路径：点击【我要办税】–【综合信息报告】–【税源信息报告】–【跨区域涉税事项报告】，点击【新增报告】跳转新增报告界面，填写跨区域经营基本信息和跨区域经营合同等信息，填写完后点击【提交】，完成《跨区域涉税事项报告表》办理。

（2）报验

首次在经营地办理涉税事宜时，可通过办税服务厅（场所）、电子税务局办理向经营地的主管税务机关报验跨区域涉税事项。

电子税务局报验路径：点击【我要办税】–【综合信息报告】–【税源信息报告】–【跨区域涉税事项报验登记】，点击【查询】，根据纳税识别号、跨区域涉税事项管理编号查询到相应数据，点击【报验登记】。跳转到报验登记页面，确认信息无误后，点击【提交】，完成报验登记，接受税务管理。提供建筑服务、销售不动产、出租不动产等、异地不动产转让和租赁业务不适用外出经营活动税收管理相关制度规定。

对未按规定报验登记的纳税人，由税务机关核定其应纳税额，责令缴纳；不缴纳的，税务机关可以扣押其价值相当于应纳税款的商品、货物。

2.申报缴税风险

财务负责人在税务申报和缴纳税款方面的风险主要体现在以下几个方面。

（1）申报不及时

作为财务负责人，需要确保企业按时、足额、合法地申报和缴纳各项税费。如果税务申报不及时或存在遗漏，可能会导致加收滞纳金、罚款，甚至影响企业的纳税信用等级，进而导致后续生产经营都会受到阻碍。

（2）申报不准确

不少财务负责人在申报时，可能存在个人疏忽或其他原因导致申报不准确少缴纳税款的情形，这些都存在极大的税务风险。比如：在处理增值税方面，财务负责人需要特别关注进项税和销项税的处理。是否存在未开票收入没有按时申报、用于简易计税项目的进项税额是否抵扣了增值税；在处理企业所得税的成本费用是否取得了合法的扣除凭证。不合规的进项抵扣凭证或销售收入未完整及时入账都可能成为税务稽查的重点。

《中国税务报》披露的一则稽查案例显示，某地稽查局接到举报线索，对甲公司进行税务检查。检查人员发现，在 2019 年至 2021 年，甲公司每年申报的增值税收入均比企业所得税收入少，"两税"收入差额累计达到 1.18 亿元。甲公司主营广告制作，该行业的特点是技术成熟、市场竞争激烈，业务周期普遍较短，合同期均为 3 个月之内，通常情况下增值税和企业所得税的收入存在长期大额差异的可能性较小。从申报信息看，甲公司确认了企业所得税收入，但长期未确认增值税收入，检查人员认为该企业具有迟开或不开增值税发票隐匿增值税收入嫌疑。甲公司财务人员则称，因买方的部分业务款项一直未支付，故公司未向其开具发票，因此未申报增值税收入，而所得税是按完成工作进度确认收入并结转相应成本费用，所以二者之间存在差异。但检查人员发现，财务人员所称该公司未收到应付款的金额，远远小于其未申报的增值税收入。从企业资金往来情况看，这些未申报增值税收入的业务均已收到对方的支付款项，并且时间上也超过双方合同中确定的付款日期，甲公司存在迟开或不开发票隐匿增值税收入的情况。最终，稽查局对其作出补缴追缴税款、滞纳金合计 1035.28 万元的决定。

最终，该公司被追缴了所有未缴税款，并被处以相应的罚款和滞纳金。此外，由于逃税行为严重，相关负责人还受到了刑事责任的追究。

这个案例提醒所有企业，逃税不仅会导致经济损失，还可能面临法律责任。企业应当诚实、完整地申报所有收入，确保遵守所有相关的税法、法规和规定。

3. 代扣代缴风险

代扣代缴税务风险主要指的是作为扣缴义务人，必须按照规定报送代扣代缴、代收代缴税款报告表以及其他有关资料。纳税人拒绝代扣、代收税款的，扣缴义务人应当向税务机关报告，由税务机关直接向纳税人追缴税款、滞纳金。具体来说，这些风险可能包括以下几个方面。

（1）扣缴义务人未履行代扣代缴义务

如果扣缴义务人没有按照法律规定扣缴税款，税务机关有权向纳税人追缴税款。这种情况下，纳税人可能需要承担补缴责任，同时扣缴义务人也可能会面临法律处罚。

（2）代扣代缴个人所得税不当

企业在履行代扣代缴个人所得税的过程中，如果操作不当，可能会给企业带来法律及税务处罚风险。例如，未能正确计算个人所得税或者延误汇算清缴等，都可能导致不必要的税务风险，比如需要补缴税款或滞纳金。

（3）区分不清是否为劳务派遣人员的代扣代缴义务人

在处理劳务派遣人员的税务问题时，如果企业未能正确区分工资薪金还是劳务报酬，导致错误申报，如果未及时更正少缴税款，需要补缴税款或滞纳金，还有可能影响企业的纳税信用等级。

▼▼温馨小提示◥◥

代扣代缴税务风险的后果可以包括以下几个方面：

① 补缴税款：如果企业作为扣缴义务人未按规定履行代扣代缴义务，税务机关有权向纳税人追缴税款。这意味着企业可能需要补缴之前未缴的税款。

② 罚款和滞纳金：除补缴税款外，企业还可能面临罚款和滞纳金。这是因为未按规定履行代扣代缴义务可能被视为违法行为，税务机关有权对企业进行处罚。

③ 法律责任：在某些情况下，企业还可能面临法律责任。例如，如果企业故意逃税或者偷税漏税，可能会被追究刑事责任。

4. 税务注销风险

未按规定进行税务注销不仅会带来经济上的处罚，还会影响到企业及其法定代表人的信用和未来的经营活动，具体分析如下。

（1）面临罚款

根据《中华人民共和国税收征收管理法》的规定，未按时办理税务注销的企业可能会被税务机关处以 2000 元以下的罚款；如果情节严重，罚款金额可能高达 2000 元以上 1 万元以下。

（2）影响信用记录

企业不及时注销，法人代表可能会受到信用污点的影响，这可能导致法人代表无法贷款买房、办理移民或领取养老保险。

（3）遭受行政处罚

长期不申报税收可能会导致税务局上门检查，甚至公司营业执照被吊销。

（4）影响对外业务

企业可能会被列入国家企业信用信息公示系统的经营异常名录，所有对外申办业务如银行开户、进驻商城等都将受到限制。

（5）产生滞纳金

如果企业在逾期未申报的情况下有应纳税额，将会被征收滞纳金，并且可能会面临拖欠税款的额外处罚。

温馨小提示

纳税人负有纳税申报义务，但连续3个月所有税种均未进行纳税申报的，税收征管系统自动将其认定为非正常户，并停止其发票领用簿和发票的使用。

也就是说，如果您没有按规定注销，按照税法规定，即使您每个月都没有业务往来，但是您还是需要进行申报，只是不需要缴纳税款。如果您没有及时纳税申报，很有可能列为非正常户。

二、发票使用风险提示

1.违规使用发票

违规发票主要是指在发票印制、领用、开具和保管过程的任一环节中，存在违法违规行为的发票，财务负责人违规使用发票主要表现在发票的开具和取得环节。发票违规使用包括但不限于未填开付款方全称的发票、变更品名的发票、虚开发票、假发票、开具发票类型错误、跨地区开具发票、大头小尾发票、发票专用章不合规发票、票面信息不全或者不清晰发票以及涂改票面信息发票等情形。

（1）可能涉及的风险

财务负责人全面负责单位的财务管理、会计核算与监督，如财务负责人违规使用发票，那么可能会涉及以下几个风险：

① 法律风险。如果财务负责人发生了上述违规使用发票的情形，尤其是虚开发票情形，可能会承担刑事责任，将被判处有期徒刑和罚金。

② 公司经营风险。如果因为财务负责人违规使用发票而导致公司发生了税务风险，那么可能会导致公司承担罚款和其他法律责任，同时也会影响公司的声誉和信誉，进而影响公司的经营和发展。

③ 职业风险。违规使用发票可能会导致财务负责人失去职业资格，从而影响其职业生涯。因此，财务负责人应该遵守相关法律法规，确保发票的合规使用，避免违规行为带来的风险。

（2）如何确保发票合规使用

财务负责人如果想规避上述税务风险以及个人风险，可以采取一些合理的措施，来确保发票的合规使用。

① 熟知相关法律法规。作为一个公司的财务负责人，您需要熟悉国家各项税收法规和财务制度，明确发票的开具、使用、管理等规定，这是规避各种税务风险的基础。

② 严格发票管理。您公司需要建立健全发票管理制度，确保发票的申领、开具、作废等环节都有严格的流程和记录。

在办理报销手续时仔细核对发票的抬头、金额、税率、商品或服务名称等信息，确保与实际交易相符。妥善保存发票原件及相关凭证，以备税务部门检查和审计。

③ 培训与监督。对公司财务人员进行培训，提高他们对发票合规性的认识，定期进行监督和检查。对于不确定的发票问题，及时咨询税务机关或专业税务顾问，获取准确的指导。

通过以上措施，财务负责人可以更好地确保发票的合规使用，降低企业的税务风险。

（3）发现违规使用发票的应对

如财务负责人在公司的正常运行中发现发票违规使用，财务负责人应该采取以下措施应对：

① 立即停止违规行为。确保不再继续进行任何违规的发票使用，并通知相关人员。

② 内部调查。对违规使用发票的情况进行全面调查，了解原因、范围和影响。并将发现的违规情况及时报告给上级领导或管理层，以便他们了解并采取适当的措施。

③ 整改措施。制定并实施整改措施，包括完善内部控制制度、加强发票管理等，以防止类似问题再次发生。

④ 与税务部门沟通。如有必要，主动与税务部门联系，说明情况并寻求指导，以确保合规性并避免可能的税务处罚。

综上所述，发票开具时必须是基于真实的交易活动，如实开具发票上的各项信息，保证信息准确无误，以规避可能出现的税务风险。

你问我答小课堂 ....

问：我是某商贸公司的财务负责人，我公司销售货物种类较多，客户有时会以各种原因要求变更商品品名，于是我就让办税人员按客户的要求开具了品名与实际销售商品不同的发票，这些发票可以使用吗？

答：不可以。所有单位和从事生产、经营活动的个人在购买商品、接受服务以及从事其他经营活动支付款项时，应当向收款方取得发票，取得发票时，不得要求变更品名和金额。

2. 虚开发票

虚开发票主要是指违反《中华人民共和国发票管理办法》的规定虚开增值税专用发票或者虚开用于骗取出口退税、抵扣税款的其他发票，凡是有为他人虚开、为自己虚开、让他人为自己虚开、介绍他人虚开行为之一的都属于虚开发票的行为。在虚开增值税专用发票罪案件当中，财务负责人往往首当其冲，这是由于财务负责人负责公司的财务工作，或多或少地对虚开发票的行为提供了相应帮助，或主动或受老板的安排，接洽虚开发票的事宜，为虚开发票提供相应便利。因此，在虚开增值税专用发票案发后，财务负责人有可能因这些行为而被认定为虚开增值税专用发票的从犯，而面临刑事责任。虚开发票的行为如图 5-1 所示。

图 5-1　虚开发票的行为

（1）可能涉及的风险

财务负责人在公司中担任重要职务，负责公司的财务管理和会计核算工作，如果财务负责人参与虚开发票，可能会面临以下风险：

① 刑事责任风险。如果财务负责人知情参与或协助虚开发票，可能因共犯或帮助犯罪而承担刑事责任。

② 职业风险。涉及虚开发票的行为会严重损害财务负责人的职业声誉，可能导致职业资格被吊销。

③ 联合惩戒风险。虚开普通发票 100 份或金额 40 万元以上达到"重大税收违法失信案件"的标准，公司的纳税信用等级将会被评为 D 级，作为公司的财务负责人，您有可能将被禁止部分高消费或参加政府采购活动等联合惩戒措施。

④ 法律纠纷风险。财务负责人可能会因此卷入法律诉讼，需要承担法律辩护的时间和费用。

因此，财务负责人应该遵守法律法规，认真履行自己的职责，确保公司的财务报表真实、准确、可靠，避免参与到虚开增值税发票的违法犯罪行为中。

（2）财务负责人虚开发票的认知误区

① 误区一：认为只有开具发票方属于虚开，接收方不属于虚开，为他人介绍更不属于虚开。

这种认知是完全错误的，根据《中华人民共和国刑法》第二百零五条规定，虚开增值税专用发票或者虚开用于骗取出口退税、抵扣税款的其他发票，是指有为他人虚开、为自己虚开、让他人为自己虚开、介绍他人虚开行为之一的。所以，虚开不仅是开具发票方，还包括接收方，以及介绍虚开方。接收虚开的发票或者介绍他人虚开发票，均应受到法律的惩罚。

② 误区二：只有虚开增值税专用发票涉嫌犯罪，虚开普通发票不犯罪。

《中华人民共和国刑法》第二百零五条规定的其他发票主要是指除增值税专用发票和骗取出口退税、抵扣税款以外的普通发票。作为财务负责人，一定要注意即使是普通发票也一定不能虚开，即使没有达到刑事处罚的标准，也会有严重的行政处罚！

③ 误区三：通过注销公司，之前虚开增值税专用发票的行为就可以一笔勾销。

虚开增值税发票犯罪与其他的一些偶发性犯罪相比较，有一个比较明显的特点是，增值税发票（尤其是增值税专用发票）是有历史痕迹的，并不是可以随意抹去的。什么时候会"爆雷"无法预料，可能爆发于一次不经意间摩擦下的举报，也可能爆发于主案案发下的案件延伸，可能爆发于一次不起眼的经济纠纷，也可能爆发于税收风险大数据的分析结果，甚至爆发于一次日常的税务检查等。所以通过注销公司来规避虚开增值税发票的风险是不可取的。

④ 误区四：在税务机关代开发票不会存在虚开增值税专用发票。

税务局不代表买卖的任何一方，但是可以代没有开票条件的纳税人开具发票。税务局代开发票，是应纳税人申请，帮助纳税人代开，既不是销售方，也不是购买方。业务的真实性当然是由买卖双方来承担责任。开具的发票与实际业务情况不符，不管是谁开的，只要开具的内容与实际情况不符，都属于虚开发票，当然也包括税务局代开的发票。税务机关代开的增值税专用发票也有可能涉嫌虚开，但是责任归属于代开发票申请人。

划重点　　虚开增值税专用发票罪属于行为犯，即行为人只要实施了虚开增值税专用发票的行为，无论金额大小即可构成犯罪。把"富余票"卖掉赚取一定比例的手续费，也属于虚开增值税专用发票的行为，达到标准税务机关可将案件移送公安机关追究刑事责任。

三、其他风险提示

1. 失信主体公示风险

企业被纳入失信主体黑名单，纳税信用级别直接判为 D 级，出境前未按照规定结清应纳税款、滞纳金或者提供纳税担保的，将会被阻止出境，相关部门依法对当事人采取联合惩戒和管理措施，发票被严格控制，报送的各种纳税评估资料将被严格审核，列入重点监控对象，监督检查频次提高等。

企业失信也会影响财务人员个人信用，财务人员在日常工作中会处处受到限制，例如不能网上申报、勾选认证，发票领用受限等，如果纳税失信严重，财务人员甚至会面临联合惩戒，也不能从事会计工作。

你问我答小课堂

问：我们企业出现哪些情形会被确定为重大税收违法失信主体？

答：有下列情形之一的纳税人、扣缴义务人或者其他涉税当事人，会被确定为重大税收违法失信主体。

（1）伪造、变造、隐匿、擅自销毁账簿、记账凭证，或者在账簿上多列支出或者不列、少列收入，或者经税务机关通知申报而拒不申报或者进行虚假的纳税申报，不缴或者少缴应纳税款 100 万元以上，且任一年度不缴或者少缴应纳税款占当年各税种应纳税总额 10% 以上的，或者采取前述手段，不缴或者少缴已扣、已收税款，数额在 100 万元以上的；

（2）欠缴应纳税款，采取转移或者隐匿财产的手段，妨碍税务机关追缴欠缴的税款，欠缴税款金额 100 万元以上的；

（3）骗取国家出口退税款的；

（4）以暴力、威胁方法拒不缴纳税款的；

（5）虚开增值税专用发票或者虚开用于骗取出口退税、抵扣税款的其他发票的；

（6）虚开增值税普通发票 100 份以上或者金额 400 万元以上的；

（7）私自印制、伪造、变造发票，非法制造发票防伪专用品，伪造发票监制章的；

（8）具有偷税、逃避追缴欠税、骗取出口退税、抗税、虚开发票等行为，在稽查案件执行完毕前，不履行税收义务并脱离税务机关监管，经税务机关检查确认走逃（失联）的；

（9）为纳税人、扣缴义务人非法提供银行账户、发票、证明或者其他方便，导致未缴、少缴税款 100 万元以上或者骗取国家出口退税款的；

（10）税务代理人违反税收法律、行政法规造成纳税人未缴或者少缴税款 100 万元以上的；

（11）其他性质恶劣、情节严重、社会危害性较大的税收违法行为。

温馨小提示

　　税务机关会通过税务网站、公告栏、报纸、广播等途径向社会公布失信主体信息，并提供至"信用中国"网站进行公开。

2. "承诺制"税务注销风险

您公司在办理税务注销时,若资料不齐,如果符合"承诺制"税务注销条件,可在作出补齐材料承诺后,税务机关会即时出具清税文书。

如果您公司未按承诺的时限补齐资料并办结相关事项,那么税务机关会将您纳入纳税信用D级管理。您的纳税信用评价为D级,根据纳税信用管理办法等规定,将对您带来比较严重的后果,如注册登记或者负责经营的其他公司纳税信用直接判为D级,该公司不得享受部分税收优惠政策、专用发票管理受限、检查频次增加等。在知情的情况下,对您后续创业就业也会产生影响。

你问我答小课堂 ···

问:我们公司符合哪些条件可以享受"承诺制"容缺办理?

答:未处于税务检查状态、无欠税(滞纳金)及罚款、已缴销增值税专用发票及税控专用设备,且符合下列情形之一。①纳税信用级别为A级和B级的纳税人;②控股母公司纳税信用级别为A级的M级纳税人;③省级人民政府引进人才或经省级以上行业协会等机构认定的行业领军人才等创办的企业;④未纳入纳税信用级别评价的定期定额个体工商户;⑤未达到增值税纳税起征点的纳税人。

3. 直接判定为D级纳税人风险

如果您公司被纳入D级纳税人,那么发票领用、出口退税等方面均有严格限制。普通发票的领用实行交(验)旧供新、严格限量供应;出口退税审核更严格,被列入重点监控对象,监督检查频次提高;新办登记的企业在纳入纳税信用管理的当年即纳入评价范围,且直接判为D级;D级评价保留2年,第3年纳税信用不得评价为A级。

你问我答小课堂 ....

问：我们公司出现哪些情况会直接判定为 D 级？

答：根据《国家税务总局关于发布〈纳税信用管理办法（试行）〉的公告》（国家税务总局公告 2014 年第 40 号）第三章纳税信用评价中的第二十条规定，存在下列情形之一的纳税人，本评价年度直接判为 D 级。

（1）存在逃避缴纳税款、逃避追缴欠税、骗取出口退税、虚开增值税专用发票等行为，经判决构成涉税犯罪的；

（2）存在前项所列行为，未构成犯罪，但偷税（逃避缴纳税款）金额 10 万元以上且占各税种应纳税总额 10% 以上，或者存在逃避追缴欠税、骗取出口退税、虚开增值税专用发票等税收违法行为，已缴纳税款、滞纳金、罚款的；

（3）在规定期限内未按税务机关处理结论缴纳或者足额缴纳税款、滞纳金和罚款的；

（4）以暴力、威胁方法拒不缴纳税款或者拒绝、阻挠税务机关依法实施税务稽查执法行为的；

（5）存在违反增值税发票管理规定或者违反其他发票管理规定的行为，导致其他单位或者个人未缴、少缴或者骗取税款的；

（6）提供虚假申报材料享受税收优惠政策的；

（7）骗取国家出口退税款，被停止出口退（免）税资格未到期的；

（8）有非正常户记录或者由非正常户直接责任人员注册登记或者负责经营的；

（9）由 D 级纳税人的直接责任人员注册登记或者负责经营的；

（10）存在税务机关依法认定的其他严重失信情形的。

您公司在纳入纳税信用管理的当年即纳入评价范围，且直接判为D级。财务负责人的后续创业就业也会产生影响。

4.身份信息被冒用风险

个人身份信息泄露后可能会被别有用心者用来做以下两件事：一是注册公司，登记为法定代表人；二是登记为其他公司的财务负责人或办税人员。如果碰到黑心企业、非正常户，那就非常不幸了。

财务负责人身份被冒用，会造成无法从事税务相关工作、个人信用降低、情节严重被列入税收黑名单等风险。

你问我答小课堂

问：如果我的个人身份信息被冒用，并被登记为财务负责人应该怎么办？

答：向税务机关出具申请解除与纳税人的关联关系的个人声明1份、公安机关接报案回执等相关资料。

5.其他会计风险

您作为公司财务负责人处理公司事项时，可能会面临一定会计风险。一是信息风险。会计信息的准确性、完整性、及时性等方面存在风险，可能因为人为疏忽、欺诈等原因导致信息的失真，从而影响企业的经营决策和投资者的决策。二是法律风险。会计工作涉及众多法律法规，如税法、会计法、公司法等，如果会计人员不遵守法律法规，可能会面临罚款、处罚等风险。三是信用风险。会计工作需要与众多利益相关者打交道，如客户、供应商、投资者等，如果会计人员的行为不当或者信息不准确，可能会影响企业的信誉度，从而导致信用风险。四是操作风险。会计工作需要使用各种软件、工具和技术，如果会计人员的操作不当，可能会导致数据的丢失、泄露等风险。

你问我答小课堂

问：常见的会计风险违规行为有哪些呢？

答：伪造、变造会计凭证、会计账簿，编制虚假财务会计报告或者隐匿、故意销毁依法应当保存的会计凭证、会计账簿、财务会计报告，企业编制、对外提供虚假的或者隐瞒重要事实的财务会计报告等行为。

温馨小提示

根据《中华人民共和国会计法》第四十一条规定，伪造、变造会计凭证、会计账簿，编制虚假财务会计报告，隐匿或者故意销毁依法应当保存的会计凭证、会计账簿、财务会计报告的，由县级以上人民政府财政部门责令限期改正，给予警告、通报批评，没收违法所得，违法所得20万元以上的，对单位可以并处违法所得1倍以上10倍以下的罚款，没有违法所得或者违法所得不足20万元的，可以并处20万元以上200万元以下的罚款；对其直接负责的主管人员和其他直接责任人员可以处10万元以上50万元以下的罚款，情节严重的，可以处50万元以上200万元以下的罚款；属于公职人员的，还应当依法给予处分；其中的会计人员，5年内不得从事会计工作；构成犯罪的，依法追究刑事责任。

第六课

涉税（费）服务与支持体系

一、办税辅导方式

1.办税服务厅

办税服务厅是税务机关按统一规范设立，提供给纳税人、扣缴义务人办理纳税申报及其他涉税事项的综合服务场所；是税务机关依法组织收入，监控管理，提供优质服务，以及体现征纳双方依法行使权利和履行义务的多功能载体。

随着税收征管改革的深入和税务信息化水平的提高，目前，办税服务厅是涵盖税务登记、纳税申报、税款征收、涉税审核（批）、文书受理、发票发售、缴销、代理开具以及税收咨询、办税辅导、税法宣传、税收资料发放等各类事项的综合性服务载体。

2.智慧微厅

"智慧微厅"是为提升智慧办税的覆盖面，在有合作意向的大型社区、商场设立的小型办税场所，形成全方位新型智慧办税缴费新模式。"智慧微厅"解决了纳税人缴费人距离办税窗口远、在路上花费时间长的问题，缩短了主城区办税缴费距离，着力打造纳税人缴费人家门口的"办税服务厅"。目前，部分地区税务机关的"智慧微厅"已初步建成。

"智慧微厅"配备人脸识别设备、自助办税终端和发票代开打印设备，还可以借助5G网络和"问办合一"功能，为纳税人缴费人提供社保费缴纳、发票代开领用等多项高频业务的自助办理功能，利用科技手段把智慧赋予到办税流程中，赋予更多数据能跑路、跑远路的强劲体能，让更多亲民便民的税务服务尽在"掌"握，触手可及。

3.征纳互动平台

新电子税务局征纳互动平台是以税收大数据为驱动力，依托云计算、人工智能等技术构建的"精准推送、智能交互、办问协同、全程互动"的新型税费服务模式。征纳互动平台提供电票平台、电子税务局等各纳税人端软件的税费辅导服务。

征纳互动平台可通过电票平台、电子税务局、自然人电子税务局等纳税人端的办理界面，点击征纳互动平台服务图标"悦悦"，即可打开互动窗口。纳税人不仅能通过征纳互动平台获得"面对面"咨询辅导，税务人员还可以远程协助纳税人缴费人办理税费业务。

（1）征纳互动平台登录方法

由纳税人自行登录电子税务局：电子税务局—新版登录—登录电子税务局。进入电子税务局后：我要办税—税务数字账户—点击税务数字账户页面右下角小人图标—进入征纳互动平台界面。

（2）征纳互动平台模式选择

征纳互动平台可选择智能互动与人工互动两种模式：智能互动即纳税人与智能机器人"悦悦"互动留言；人工互动即纳税人"转人工"，与座席端人员进行互动，包含发送图片、发送文件、远程协助等功能。

二、涉税（费）咨询渠道

1. 电话咨询

电话咨询（12366纳税缴费服务热线和税务机关对外公开电话）即纳税（缴费）人通过拨打税务机关对外公开的咨询电话提出涉税（费）咨询需求，税务机关为其提供免费咨询服务。

（1）办理渠道

拨打12366纳税缴费服务热线、各级税务机关对外公开的其他咨询服务电话。

（2）办理流程

电话咨询办理流程如图6-1所示。

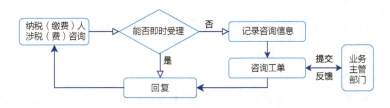

图6-1　电话咨询办理流程

（3）办理时间

8:30—12:00；15:00—18:00（夏令时）

8:30—12:00；14:30—17:30（冬令时）

以各办税服务厅具体办理时间为准，详细点击办税地图查询各办税服务厅具体办理时间。

（4）操作路径

① 涉税（费）咨询服务拨打12366纳税缴费服务热线。

② 电子税务局操作类问题拨打4009912366服务热线，个人所得税或新社保系统操作问题拨打4007112366服务热线，根据语音提示选择相应的服务项目。

2.网络咨询

网络咨询即纳税（缴费）人通过互联网提出涉税（费）咨询需求，税务机关为其提供免费咨询服务。

（1）办理渠道

① 智能咨询

微信公众号"国家税务总局"：【互动交流】-【在线咨询】

国家税务总局网站：【纳税服务】-【智能咨询】（https://www.chinatax.gov.cn/）

国家税务总局12366纳税服务平台：【纳税咨询】-【智能咨询】（https://12366.chinatax.gov.cn/）

② 网络实时咨询

国家税务总局 12366 纳税服务平台：【纳税咨询】–【在线咨询】（https://12366.chinatax.gov.cn/）

③ 网络留言咨询

国家税务总局网站：【纳税服务】–【留言咨询】（https://www.chinatax.gov.cn/）

国家税务总局 12366 纳税服务平台：【纳税咨询】–【网上留言】（https://12366.chinatax.gov.cn/）

（2）办理流程

网络咨询办理流程如图 6-2 所示。

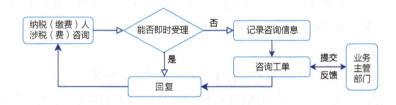

图 6-2　网络咨询办理流程

（3）办结时限

① 智能咨询：7×24 小时服务，即时办结。

② 网络实时咨询：工作日 8:30—11:30；14:30—17:30。以各办税服务厅具体办理时间为准，详细点击办税地图查询各办税服务厅具体办理时间。能即时答复的即时答复，不能即时答复的承诺答复，不能在承诺的期限内答复纳税人的解释说明并按规定办理。

（4）办理时间

8:30—12:00；15:00—18:00（夏令时）

8:30—12:00；14:30—17:30（冬令时）

以各办税服务厅具体办理时间为准，详细点击办税地图查询各办税服务厅具体办理时间。

3. 面对面咨询

纳税（缴费）人提出面对面涉税（费）咨询需求，税务机关为其提供免费咨询服务。

（1）办理渠道

纳税（缴费）人前往市、县税务机关。

（2）办理流程

面对面咨询办理流程如图6-3所示。

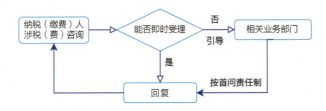

图6-3　面对面咨询办理流程

（3）办理时间

8:30—12:00；15:00—18:00（夏令时）

8:30—12:00；14:30—17:30（冬令时）

以各办税服务厅具体办理时间为准，详细点击办税地图查询各办税服务厅具体办理时间。

（4）办结时限

税务机关对纳税（缴费）人提出的问题能即时答复的即时答复，不能即时答复的按规定时限回复。